Bruno Léandri

Bruno Léandri est l'un des membres historiques du mensuel *Fluide Glacial* où il a officié pendant près de quarante ans. Écrivain, chroniqueur et scénariste, il est notamment l'auteur de la *Grande encyclopédie du dérisoire* (5 volumes, Éditions Fluide Glacial). En 2019, *Les Ratés de l'aventure* a paru aux Éditions du Trésor.

LES RATÉS
DE L'AVENTURE

UN RÉCIT HISTORIQUE

DE BRUNO LÉANDRI

LES RATÉS DE L'AVENTURE

Aventuriers malchanceux, pionniers maladroits, explorateurs illuminés…

ÉDITIONS DU TRÉSOR

MIXTE
Papier issu de
sources responsables
FSC® C003309

L'éditeur de cet ouvrage s'engage dans une démarche
de certification FSC® qui contribue à la préservation
des forêts pour les générations futures.

Pour en savoir plus :
www.editis.com/engagement-rse/

ISBN : 978-2-266-29509-3
Dépôt légal : janvier 2021

INTRODUCTION

C'est beau, l'aventure. On est là, dans notre salon, bien assis au chaud dans notre fauteuil confortable, une tisane à la main, et, dans notre livre ou sur notre écran, des types font des trucs qui nous sortent de notre petite vie. Ils nous emmènent au-devant de tous les risques et affrontent pour nous les mers, les montagnes, les nuages, les sauvages et les glaçons. Ils sont beaux et courageux, couverts de sueur virile, mal rasés juste ce qu'il faut, ils conquièrent le monde à notre place, et en plus ils remplissent nos mornes soirées avec leurs histoires formidables.

Mais les aventuriers, c'est fatigant. Toujours là, à surgir à n'importe quel moment, vous solliciter pour mille choses – votre argent, votre admiration, votre compassion –, vous faire sentir à quel point vous êtes minable, avec votre tisane de plouc dans votre fauteuil miteux, alors que le vent de l'épopée souffle dans leurs cheveux bouclés. Ils sont les plus forts, les plus audacieux, et nous écrasent de leur existence riche et multicolore à côté de nos quotidiens vides et chichiteux.

Alors, des fois, on a l'envie mesquine de se venger. Parce qu'en dépit de leurs belles paroles, ces héros magnifiques, ça leur arrive de se viander, de rater leur coup, de pédaler dans le Nutella. Et alors, soudainement, les voilà très discrets sur leurs erreurs, muets sur leurs errements, furtifs sur leurs gadins. Quand il leur arrive de raconter leurs échecs, c'est pour mieux magnifier leurs victoires.

Aussi, pour une fois, prenons notre revanche, nous les médiocres, les prudents, les pusillanimes, enfonçons-leur le nez dans leurs yaourto-pédalages, regardons de près leurs galères, car les histoires de leurs infortunes sont assurément plus saugrenues et cocasses que celles de leurs conquêtes. Quel plaisir sadique de voir les surhommes déraper dans la semoule, les conquérants trébucher sur le tapis, les matamores se prendre une veste, un plaisir de minable, une vengeance de petit. Et alors ? On est mieux minable, mais vivant, que héros et mort.

Car la sanction des aventuriers gaffeurs, des audacieux maladroits, des pionniers de l'inutile, c'est très souvent la mort. Ce qui nous incite à ricaner moins fort. Et puis il y a échec et échec. Il y a les arrogants calamiteux, les bourrins de l'aventure, et il y a les malchanceux chroniques qu'on aurait aimé voir gagner. Alors, faisons preuve de pitié, et admettons au fond de nos tripes qu'on les admire quand même, tous, parce que d'une manière ou d'une autre, ils nous ont fait rêver. Ils ont tellement souffert pour nous, pour qu'on puisse vivre leurs équipées dans notre salon, bien assis au chaud dans notre fauteuil confortable, une tisane à la main…

Bruno Léandri

P.-S. : Le premier ratage de ce livre, c'est de fouler aux pieds la parité : il n'y a quasiment aucune femme dans ces pages. Pour écrire ce recueil, mes vaticinations chez les mordus de l'aventure à haute incertitude ne m'ont fait croiser que des candidats masculins. Certes, des femmes ont pris aussi des risques insensés, se sont plantées en montagne, en avion, ou dans des contrées inconnues, mais en proportion si faible par rapport aux hommes, et de manière si discrète – on n'oserait écrire élégante –, qu'aucune anecdote tordue ne leur a valu l'infortune d'entrer dans cette galerie. Je ne sais pas pourquoi. Peut-être à cause de la progestérone…

LES RATÉS DE L'EXPLORATION

Si l'on peut décerner le brevet d'« aventurier véritable » aux grands explorateurs qui ont poussé la soif de découverte dans tous les coins de la planète, on peut en déduire aussi que les trajectoires en queues de poisson semblent indissociables de la vocation, tant nombre de destins sont tragiquement identiques : Magellan, Verrazzano, Cook, La Pérouse, Marion-Dufresne ont tous fini sous les instruments contondants d'indigènes énervés, si ce n'était pas dans leurs marmites. Et quand, quelques siècles plus tard, pour les aventuriers modernes, il n'y a plus rien à explorer, quand il n'y a plus de trajectoire possible, il reste la queue de poisson.

Marion-Dufresne, haka de malheur (1772)

Dans les expéditions inopinément interrompues qui se terminent par un repas festif, où les héros n'ont pas été conviés en invités mais comme plats, on parle toujours de celle de La Pérouse (où le plus intéressant n'est pas son ratage mais le ratage de son sauvetage, voir plus loin). On parle moins souvent de Marion-Dufresne, dont les circonstances de la fin prématurée en entremets sont très semblables.

A priori, Marc-Joseph Marion du Fresne n'avait pas la vocation d'explorateur. De baroudeur, plutôt : le navigateur malouin avait parcouru les mers du globe, mais pour de tout autres raisons que l'amour de la connaissance ; l'argent et la gloire en étant les deux plus motivantes. Corsaire au service de Sa Majesté le roi de France, commis voyageur de la Compagnie des Indes, trafiquant d'esclaves quand l'occasion se présentait, c'est à cause d'un virus inopportun dont il n'était même pas la victime qu'il assuma une mission d'exploration qui laissera son nom à l'histoire. Lorsqu'il était employé par la Compagnie des Indes, Marion-Dufresne avait trouvé le job si gratifiant qu'il s'était installé à l'« isle de France », ancien nom de l'île Maurice, au plus près de ses intérêts et du juteux négoce des esclaves. Et voilà que le gouverneur de l'île, qui s'appelle Poivre (dans une plaque tournante des épices !), lui propose une tâche dans ses cordes : ramener dans sa patrie d'origine, Tahiti, un indigène nommé Ahutoru que le gouverneur a sur les bras. C'est Bougainville qui l'a embarqué dans son périple autour du monde en 1769, qui l'a trimballé jusqu'à Paris pour lui faire danser le tamouré en jouant de l'ukulélé à Versailles, avec la promesse qu'on le ramènerait chez lui. On l'a effectivement ramené jusque dans l'océan Indien, et on a confié à l'administrateur au patronyme relevé le soin de finir le travail. Sentant vibrer sa fibre navigatrice, Marion-Dufresne accepte la tâche, qui comporte aussi comme mission accessoire de profiter de ce long voyage vers l'Océanie pour explorer au passage quelques îles australes qu'on disait prometteuses.

Le capitaine appareille de l'île Maurice le 18 octobre 1771 avec son précieux passager, à la tête de deux navires, le *Mascarin* et le *Marquis de Castries*. Mais voilà que seulement embarqué depuis un mois, le Polynésien tombe malade. Le virus de la variole l'a choisi comme cible et, peut-être moins résistant que ses convoyeurs, il meurt. Le capitaine, n'ayant plus de cargaison à livrer et plus rien à faire à Tahiti, décide de se recentrer sur le volet exploratoire de sa mission. Il se lance dans un long périple vers le sud de l'océan Indien, qui le mène le long des côtes australiennes jusqu'à l'île de Tasmanie. Il y jette l'ancre pour se ravitailler en eau et en vivres, et surtout réparer les deux bateaux qui se sont légèrement rentrés dedans dans le brouillard, pourquoi laisser aux récifs ce qu'on peut faire soi-même ? Mais en Tasmanie, l'expédition ne trouve rien de ce dont elle a besoin et repart pour s'arrêter plus loin sur une côte plus accueillante, la Nouvelle-Zélande, déjà explorée par Cook. Nous sommes le 4 mai 1772.

La baie où les bateaux mouillent est habitée par des tribus maories, et dès les premiers contacts, les relations s'avèrent excellentes. Chaleureux et amicaux, les chefs indigènes se montrent disposés à fournir tout ce que les Blancs demandent, leur donnent accès à leurs forêts pour y prélever le bois nécessaire aux réparations des bateaux, le chantier commence, agrémenté de visites et fêtes, ris et chants. L'un des chefs octroie à Marion-Dufresne le titre de « meilleur copain que je serre dans mes bras mieux que mon frère à la vie à la mort », et l'élève au rang de chef de sa tribu à son égal, bref, la grande fraternité.

La caractéristique étonnante du drame qui s'annonce, c'est la rapidité avec laquelle les autochtones changent de registre. Il s'est passé à peu près un mois. La veille, les Maoris étaient tout amour et sourires, le lendemain, leurs regards n'expriment plus que haine et défiance. Les marins sentent aussitôt ce changement d'attitude, mais les réparations ne sont pas finies, et le capitaine décide de faire comme si de rien n'était, ces sauvages sont si lunatiques, après tout n'est-il pas désigné meilleur copain du chef et chef lui-même ? Sans précaution particulière, il débarque comme d'habitude avec un groupe de matelots, bon arrêtez de faire la gueule, on se la fait, cette fête ? Et il se fait éclater la tête avec ses compagnons par une bande plus nombreuse. Ne voyant pas revenir le patron, le capitaine du second bateau envoie une chaloupe avec douze hommes pour ramener des vivres et s'enquérir au passage des raisons du retard. Le soir, il voit revenir l'un d'eux à la nage, blessé. Ses onze compagnons ont été massacrés itou, et s'il reste encore des doutes sur le sort du capitaine, les danses menaçantes auxquelles se livrent les Maoris le lendemain sur la plage en agitant les vêtements ensanglantés de Marion-Dufresne se chargent de les lever.

En réalité, l'ambiance n'était pas si sereine que ça, il s'est produit entre les marins et les autochtones les habituelles frictions qu'ont connues d'autres expéditions du même genre, incompréhensions, arrogance des uns, chapardages des autres, avec comme tension supplémentaire la question des femmes, devant lesquelles les marins frustrés après des mois de navigation bavent de convoitise. Mais la montée progressive de la mauvaise humeur n'avait pas suffi à rompre des relations qui restaient pour l'essentiel cordiales. L'agressivité est venue brutalement. Que s'est-il passé ? Les témoignages des rescapés de l'expédition divergent et n'ont pas permis d'expliquer précisément les raisons de ce revirement. Il semblerait que les marins à terre aient bafoué un tabou, mais lequel ? Coupé un arbre sacré ? Profané involontairement la tombe d'un ancêtre ? Pêché dans des eaux où des guerriers étaient morts ? Dit du mal des All Blacks ? Les tabous de ces emplumés sont si nombreux, allez vous y reconnaître…

Toujours est-il que l'expédition devra encore rester un mois sur place pour finir les réparations dans les conditions qu'on imagine : retranchements sur terre pour protéger les charpentiers, travail nuit et jour dans un climat de panique, expéditions punitives contre les Maoris pour les tenir à distance, veille armée permanente… La découverte de restants de repas qui prouvent que les marins et leur chef ont été mangés en ravigote par les insulaires ne rend pas l'atmosphère plus légère. Les deux bateaux parviennent à lever l'ancre le 12 juillet, avec un certain soulagement et vingt-sept hommes de moins, puis cinglent vers des contrées de traditions gastronomiques plus paisibles.

Le bilan de l'expédition écourtée de Marion-Dufresne, finalement assez mince (découverte de deux archipels australs et exploration des côtes de Nouvelle-Zélande), n'aurait peut-être pas suffi pour laisser son nom à la postérité. S'il est encore prononcé de temps à autre dans les médias de cette première moitié du XXIe siècle, c'est pour une circonstance extérieure : on a donné son nom au célèbre bateau ravitailleur qui assure les rotations entre le continent et les Terres australes et antarctiques françaises, dites TAAF. Depuis près de cinq décennies, le *Marion Dufresne*, puis le *Marion Dufresne II*, transporte matériel et personnel pour les hivernages aux îles Kerguelen et aux îles Crozet. Lesquelles portent le nom du second du navigateur sur le *Mascarin* : Julien Crozet, rescapé du barbecue.

***

DÉCOUVREURS DE NÉANT

De par leur situation isolée à une latitude d'instabilité climatique quasi permanente (quarantièmes rugissants, cinquantièmes hurlants, soixantièmes chantant du Céline Dion), les îles Crozet, Kerguelen, du Prince-Édouard, et Heard sont les terres les plus désolées et désolantes de la planète. Et le moins qu'on puisse dire, c'est qu'elles n'ont pas porté bonheur à leurs découvreurs. On vient de voir l'histoire de Marion, découvreur des îles du Prince-Édouard, dont la principale porte son nom. Son second, Julien Crozet, qui a donné son nom à l'archipel éponyme, a réussi à rentrer en France en 1773, mais il ne perdait rien pour attendre : il est mort quatre ans plus tard à bord d'un autre bateau dont il était capitaine, l'*Élisabeth*, lors d'un voyage de routine. Yves de Kerguelen a découvert en 1772 les îles qui portent son nom et les a trouvées si tartes qu'il n'y a même pas débarqué. Ce qui ne l'a pas empêché de faire à son commanditaire, le roi Louis XV, un tableau idyllique de ce nouveau paradis qu'il apportait à la France, à tel point que le roi lui donna l'ordre d'y retourner. Le navigateur fut obligé d'avouer la vérité au terme de son deuxième voyage. Le roi, qui n'aimait pas qu'on lui raconte des craques, l'envoya finir son exploration en prison. Avant de s'appeler « Kerguelen », l'archipel portera longtemps le nom d'« îles de la Désolation ». Quant à l'Américain John Heard, s'il ne débarqua pas en 1853 sur l'île éponyme qu'il localisait pour la première fois, c'est qu'il était là pour autre chose. Chasseur de phoques, il n'avait d'yeux que pour les zones de chasse propices et celle-là n'était pas dans ses priorités. Prenant conscience trop tard des possibles avantages de sa découverte, aussi dérisoire soit-elle, il épuisa les dernières années de sa vie, qui fut brève, à revendiquer auprès du gouvernement des États-Unis la propriété de l'île qui porte son nom. En vain.

Bisbilles avec les parlements, impopularité croissante, misère chronique… Quand, en 1785, Louis XVI envoie son navigateur La Pérouse boucler le tour du monde pour faire aussi bien que l'éternel rival James Cook, le British flottant, ça commence déjà à sentir le roussi pour lui. Et les choses ne vont pas s'arranger au cours des années suivantes. Alors que l'explorateur slalome entre les cocotiers et les lagons d'eau topaze, les ennuis s'accumulent pour son commanditaire qui, lui, doit slalomer entre les émeutes. En 1791, ça fait trois ans qu'on n'a pas reçu de nouvelles de l'envoyé de Sa Majesté, et on se doute qu'il lui est aussi arrivé des bricoles. Le tout juste encore roi pour même pas un an s'en inquiète, alors qu'il devrait plutôt s'inquiéter pour lui-même. Avec ce qui lui reste de pouvoir, et en accord avec l'Assemblée législative, il décide néanmoins d'envoyer une expédition de secours et charge un gentilhomme de sa marine de guerre d'aller rechercher La Pérouse et rapportez-moi le journal en rentrant, mon bon.

Le vice-amiral Antoine Raymond Joseph de Bruni d'Entrecasteaux prend le commandement de deux frégates, la *Recherche* et l'*Espérance*, et c'est parti, cap sur l'océan Indien et l'Océanie d'où on a reçu les derniers signes de vie de La Pérouse. Pendant deux ans, le sauveteur va sillonner deux océans, en boucles, en zigzags, en allers-retours, au nord, au sud, sans trouver le plus petit bouton d'épaulette de son prédécesseur. Pourtant, il fait consciencieusement son travail, récolte la moindre rumeur dans les ports fréquentés par les rares navires européens, ou auprès des tribus avec lesquelles on peut discuter, ce qui l'amène à explorer les côtes d'Australie jusqu'à en faire le tour complet, de Nouvelle-Zélande, de Nouvelle-Calédonie, et toutes les flopées d'archipels océaniens où les indigènes vivent encore tranquilles sans avoir jamais vu de Blanc à dorures. Mais rien de rien. La Pérouse a bel et bien disparu.

Bon serviteur de Sa Majesté, d'Entrecasteaux remplit également la mission complémentaire à lui confiée, de reconnaître au passage les îles encore inconnues et de les répertorier au nom du royaume de France, avant que les tuniques rouges le fassent. C'est ainsi que le vice-amiral traverse parmi d'autres un vaste archipel dont seule une partie a été reconnue, et que l'on appelle maintenant les îles Salomon. Mais les terres sont si nombreuses qu'on n'a pas le temps de débarquer sur chacune, on se contente d'observer attentivement les rivages à la lunette pour y déceler les traces d'un navire ou d'un débarquement. En fait, pas si attentivement que ça, parce que tout ne va pas pour le mieux à bord. Les équipages ne sont pas rattrapés par le virus révolutionnaire qui enflamme la France au même moment, mais par ce qui reste à l'époque le principal ennemi du marin : le scorbut. Pourtant, sans connaître le mot d'« avitaminose », on a déjà constaté en cette fin du XVIIIe siècle que les malades vont mieux quand ils mangent des vivres frais, mais le réflexe n'en devient pas systématique pour autant. Et on continue d'embarquer comme principaux aliments lors des longues traversées ce qui se conserve le plus facilement, les légumes secs et la viande séchée. Évidemment, les Anglais, encore eux, ont compris les premiers que la solution était l'apport systématique de fruits frais et, en ces années 1790, sont en train pile-poil de résorber la maladie dans leur marine, ce qui leur donnera un certain avantage stratégique dans les décennies suivantes.

Mais en France, on sait pas trop encore, et donc, dès qu'un bateau reste en mer plus de quatre mois, coucou revoilà les marins qui se traînent, et les dents qui tombent. C'est ce qui est en train d'arriver sur les navires des sauveteurs. Justement, en ce mois de mai 1791, nos hardis chercheurs un peu fatigués explorent un groupe d'îles inconnues dans l'extrême est de l'archipel des Salomon, que l'on appelle maintenant les îles Santa Cruz. Et comme toutes ces terres n'ont pas encore de nom, le capitaine se fait un devoir de les baptiser et ça demande un effort d'imagination. Au cours du voyage, il a déjà donné les noms de tous ses officiers, de ses patrons, de sa famille, de ses chats, de ses chiens, et quand il longe la barrière de corail de cette dernière île paumée à l'extrémité orientale des Santa Cruz, il ne sait plus quoi trouver. Alors il lui donne le nom de son bateau : la *Recherche*. L'île de la Recherche, ça sonne bien, non ? Qu'en pensez-vous, lieutenant ? Et arrêtez de laisser tomber vos dents dans mon potage.

Ce 19 mai 1793, vu l'état de santé de l'équipage, on ne s'attarde pas, et quand un marin consciencieux fait remarquer qu'une fumée s'élève de la forêt qui recouvre l'île, on lui répond que la *Recherche* a fini de chercher dans l'île de la Recherche, que les Recherchais sauvages ont bien le droit de faire du feu, et qu'il s'occupe de ses gencives. Et les bâtiments font voile vers le large, vers la Nouvelle-Guinée.

Après bon nombre de ses marins et quelques-uns de ses seconds, c'est au tour du vice-amiral de mourir du scorbut le 21 juillet 1793. Il ne reverra jamais sa Provence natale, mais c'est pas très grave parce que s'il était rentré, ce n'est pas ses dents qui seraient tombées mais sa tête, et le résultat aurait été identique. Dans la France de la Terreur, les noms à rallonge dans son genre ne sont plus en odeur de sainteté et son frère Jean-Paul resté au pays, ci-devant président du parlement de Provence et déjà programmé pour la machine à raccourcir les enthousiasmes, y passera l'année suivante.

Les deux frégates, commandées par des seconds de seconds, se traînent sur le chemin du retour, entre les épidémies et les nouveaux ennemis de la France en guerre, Angleterre, Espagne, Hollande, dont les flottes écument les parages. Les bateaux ne dépassent pas Java, où ils sont un temps retenus par les Hollandais, puis, en trop mauvais état, abandonnés. Là, les nouvelles de France et de son roi décapité rattrapent l'expédition, choisis ton camp, citoyen. Les équipages, déjà réduits, se diluent entre les nations, les factions, les désertions, une poignée d'hommes reviendra en Europe, tous capturés au passage par les Anglais, chez lesquels ils seront, ou alliés si royalistes, ou prisonniers si républicains. Le premier à regagner la mère patrie après d'invraisemblables détours sera un des lieutenants de feu la *Recherche*, Jurien de La Gravière, à la toute fin de 1795, soit quatre ans après son départ. Quelques autres, dont certains scientifiques, une cinquantaine d'hommes sur les deux cent dix-neuf qui avaient quitté Brest, regagneront la France républicaine en ordre dispersé les années suivantes, et l'on se soucie si peu des hommes d'équipage, qu'encore de nos jours, on ignore le nombre exact des rentrants.

L'expédition d'Entrecasteaux a donc été un échec sur toute la ligne, hormis la reconnaissance de rivages et de poussières d'îles. Le mystère entourant la mort de La Pérouse durera jusqu'en 1827. Cette année-là, un explorateur anglais (toujours eux !) trouve des indices qui le mettent sur la voie d'une île où auraient pu s'échouer les deux bateaux de La Pérouse, tiens, dans les îles Santa Cruz. Il s'y rend et découvre dans les récifs entourant l'île les restes d'un des deux navires, l'*Astrolabe*, l'autre ne doit pas être bien loin. Un an plus tard, le Français Dumont d'Urville confirme la découverte, l'île s'appelle Vanikoro, mais certains la connaissent encore sous le nom que lui avait donné d'Entrecasteaux, l'île de la Recherche. La deuxième épave est localisée, ce bout de jungle d'à peine 20 kilomètres dans sa plus grande largeur fut bien le terminus des bateaux de La Pérouse. Outre les plongées sur les épaves qui ramènent de précieux vestiges, des fouilles archéologiques sont scientifiquement menées en 1999, puis en 2003 sur l'île elle-même. Elles apportent la preuve que des marins de l'expédition ont survécu plusieurs années après le naufrage, dans ce lieu dorénavant appelé « camp des Français ». Le 19 mai 1793, alors que d'Entrecasteaux était à une portée de noix de coco de la plage, des marins de La Pérouse vivaient encore dans la forêt voisine ! La Pérouse lui-même était-il parmi eux ? Était-il mort dans le naufrage ? Ou avait-il été tué et mangé par les insulaires ? Si ce grand flandrin d'Entrecasteaux s'était remué les miches pour voir d'où sortait cette foutue fumée au lieu de s'occuper de ses molaires, on aurait eu la réponse à toutes ces questions. Quoi qu'il en soit, bravo le secouriste : être venu de si loin pour rater les secourables à quelques centaines de mètres près, faut le faire !

Percy Fawcett, de Z jusqu'à Z (1925)

L'histoire de l'explorateur anglais Percy Fawcett est revenue à la mémoire des foules avec la sortie du film *The Lost City of Z* en 2017. Ce militaire de carrière, qui s'était spécialisé dans la topographie, avait mené plusieurs expéditions en Amazonie profonde au début du XXe siècle, missionné par la Société géographique royale de Londres. Il fut tant ensorcelé par les vapeurs capiteuses des mystères de la forêt magique qu'il tomba dedans quand il était grand : il contracta l'addiction au géant vert et poussa sa passion à un point tel qu'il s'y dilua.

C'est que son odyssée possède tous les ingrédients d'un roman d'aventures grand public, on dirait un scénario préécrit pour Hollywood. D'ailleurs, n'a-t-on pas affirmé que son personnage avait inspiré Lucas et Spielberg pour créer Indiana Jones ? Aussi, si les réalisateurs du film dont il est le sujet central ont un tant soit peu modifié la réalité, ils ont compris qu'en garder la substantifique moelle était la meilleure garantie pour un nombre d'entrées gratifiant.

Au terme d'une demi-douzaine d'expéditions cartographiques, à la frontière du Brésil et de la Bolivie de 1905 à 1910, l'officier britannique finit par établir une liste impressionnante des merveilles qu'on pourrait trouver au fond de la forêt, cachées derrière les lianes : des tribus inconnues aux particularités épatantes, des ruines antiques de grandioses cités oubliées, les mêmes encore peuplées, des animaux non répertoriés à trompe, à roues, à tentacules, préhistoriques, des mines à peine abandonnées débordant de métaux précieux, des rivières enchantées. Il y aurait ajouté quelques bases extraterrestres si les ovnis avaient été à la mode en 1911, quand il demande à ses commanditaires de financer une nouvelle expédition pour ses objectifs personnels, mais ce n'était pas le cas.

Lesdits commanditaires le congédient poliment en lui conseillant d'y aller mollo sur le mescal. Fawcett se console en faisant de l'archéologie dans les étagères poussiéreuses des vieilles bibliothèques de Londres, et voilà qu'à sa grande émotion et à la grande joie des scénaristes du futur, il tombe sur un manuscrit du XVIIIe siècle, où un obscur sous-conquistador portugais décrit les fabuleuses merveilles d'une cité qu'il est le seul à avoir découverte, dans le bassin d'un fleuve appelé « rio Xingu » à l'est du Mato Grosso. Couvert de sueur, le chercheur vient de trouver le but de sa vie, il pose le doigt sur la mystérieuse carte, et décide de baptiser cette mystérieuse cité « la cité de Z » parce que ça en jette mieux que « la cité de Monique », et le chef-op' filme la scène en lumière rasante filtre 2, prévoir musique appropriée.

Là-dessus, la Grande Guerre survient, et le chercheur reprend son uniforme le temps des hostilités. De toute façon il est fauché, et il devra attendre 1925 pour parvenir à monter une autre expédition au Brésil, à laquelle prendront part son fils aîné et un ami de ce dernier.

Prévenant leur entourage qu'ils risquent d'être absents pour un moment et qu'on arrose les géraniums, les trois hommes s'engagent dans la jungle du Mato Grosso à la recherche de la cité de Z, promue dès lors dans l'imaginaire collectif au rang de capitale du fantasme aventurier, en instance de jumelage avec Mu, R'lyeh, et l'Atlantide.

Et les amateurs de mystère vont être comblés, car il se trouve qu'après un dernier message écrit dans le bassin du Xingu, on reste sans nouvelles de l'expédition. À partir de 1927, on comprend que les explorateurs vont avoir du mal à rembourser leur crédit voyage, car ils ont disparu, mais alors bien, disparu de chez disparu. On ne retrouve même pas un chapeau. Par contre, des histoires, on en entend à la pelle : Fawcett n'est pas mort, il a été adopté par une tribu d'Indiens qui l'a pris pour leur dieu, il a trouvé le roi de la cité de Z, il a épousé la princesse sa fille et est devenu inspecteur des finances de Z, on l'a vu vivant ici, on l'a vu faisant du rafting là. On trouve même un témoin européen qui l'a rencontré, vêtu de haillons, les cheveux longs et une barbe de quarante jours. Très vite, les journalistes s'intéressent à une affaire si propice à chatouiller les imaginations : les articles se succèdent. Surtout qu'en 1928, la première expédition de secours montée par un Américain nommé Dyott trouve enfin une trace sérieuse des disparus : un médaillon ayant appartenu à Fawcett, suspendu au cou d'un chef indien. Ce dernier affirme que le Blanc est reparti après lui avoir fait ce cadeau. Dans l'explosion des hypothèses fiévreuses, l'une a la préférence des lecteurs : l'Anglais a volontairement abandonné cette civilisation ingrate et s'est intégré à une tribu d'Indiens inconnue dont il est devenu le sorcier.

Et voilà qu'un jour, à la fin des années 1930, coucou, Percy Fawcett réapparaît là où on ne l'attendait pas, page 48 de l'album de Tintin, *L'Oreille cassée* ! Comme souvent pour d'autres albums, Hergé a puisé son inspiration dans l'actualité du temps et cette histoire d'explorateur refusant de revenir à la civilisation lui a bien plu, au point d'en faire un personnage de sa B.D. Tintin rencontre au cœur de la jungle amazonienne l'aventurier à la longue barbe blanche et aux vêtements en loques, qui s'appelle Ridgewell. Ce dernier l'aide à retrouver le fétiche arumbaya mais ne lui donne pas le plan de métro de Z.

Durant les décennies suivantes, plusieurs expéditions, réelles celles-là, vont se succéder, pérennisant la popularité de l'énigme, sans ramener autre chose que les récits contradictoires glanés dans les tribus locales. Certains Indiens affirment que le Blanc a été tué, d'autres qu'il est parti ailleurs. Mais en matière de pistes concrètes, rien de nouveau. Et les années passant, l'avancée de la civilisation dans la région, avec ses bulldozers, ses routes, son béton et son soja transgénique, n'a pas permis de découvrir sous les cendres de la forêt saccagée le moindre indice. Plusieurs fois, des certitudes sur le sort des trois Anglais ont été établies, puis infirmées, on a même trouvé des ossements, mais finalement, ce n'était pas les leurs. Certains n'en démordent pas, Percy Fawcett est toujours vivant, même si de nos jours dans cette même région, il aurait du mal à se cacher.

Bon, l'aventurier n'a peut-être pas trouvé sa cité merveilleuse, mais ayant fourni du grain à moudre à tous les moulins des imaginations fertiles pour bientôt un siècle, peut-on vraiment parler de raté ? S'il avait été vivant à la date de sortie du film, Fawcett aurait eu 150 ans. Mais il paraît qu'à l'EHPAD de Z, la médecine fait des miracles.

Au milieu du XXe siècle, ce qu'on appelait avant « les zones blanches » sur les cartes de géographie s'étaient rétrécies comme glaçons de la banquise actuelle. Les dernières étendues où l'homme n'avait jamais pénétré consistaient en quelques secteurs de l'Antarctique, de l'océan Arctique, du Sahara, quelques ravins du désert de Gobi et quelques bassins de la forêt amazonienne. Il n'en fallait pas plus pour enflammer encore l'imagination de certains, car l'exploration reste un attracteur puissant pour les humains, même quand il n'y a plus rien à explorer.

Déjà fugueur à 10 ans, le petit Toulonnais Raymond Maufrais, né en 1926, a couvé très tôt des rêves d'évasion dans les régions inviolées. Scout, puis, à l'instar de son père, résistant à 16 ans pendant la guerre, son destin agité est écrit d'avance : il va se barrer, et parmi les quelques trous perdus du monde où personne n'a encore mis le nez, ce sera l'Amazonie, comme son grand prédécesseur, Percy Fawcett. Rarement vocation d'aventurier n'aura été aussi prédéterminée.

Ce qu'il y a d'exceptionnel dans l'épopée de Raymond Maufrais, c'est qu'on en connaît toutes les péripéties dans les moindres détails, on sait tout de son histoire… sauf la fin. Et c'est sans doute cette frustration qui a valu à son destin les projecteurs de la presse, l'attrait du mystère marche à toutes les époques.

Car Raymond n'est pas scientifique, pas militaire, pas prospecteur, pas géographe, pas conférencier : sa seule justification pour ses vadrouilles aventurières, c'est l'écriture. Tout ce qu'il a fait était destiné à fournir matière à articles et à livres, et les seuls financements escomptés étaient ceux de revues. Un candidat aventurier apprenti-journaliste, uniquement mu par le goût du mouvement, de la découverte et du risque. Accordons-lui qu'en guise d'aventure, l'Amazonie, il pouvait pas trouver mieux, après la Seconde Guerre mondiale : tous les ingrédients y sont réunis, tous les dangers y dansent la samba. Bandits meurtriers, trafiquants de toutes denrées, animaux venimeux, plantes toxiques, Indiens tueurs d'hommes, aléas climatiques, fonctionnaires corrompus, militaires dévoyés, pièges de la nature, toutes les calamités potentielles s'y bousculent, il n'y manque que les vannes de Cyril Hanouna. Et c'est ça que Raymond a décidé de traverser seul et à pied dans le fumeux objectif d'explorer des portions de jungle inconnues – comme si un bout de jungle ne ressemblait pas à un autre bout de jungle – et d'y croiser des tribus d'Indiens qui n'ont jamais eu de contact avec la civilisation, dont certains lui ont même été décrits comme grands, blonds et champions de golf à neuf trous.

Une chose est sûre : avec un pareil cocktail, ses livres ne pouvaient être que vendeurs, encore fallait-il revenir pour les écrire. La première fois, il y est parvenu à moitié : parti bourlinguer au Brésil en 1946, fauché et sans objectif précis, il s'y est fait suffisamment de contacts pour s'intégrer à une mission de pacification pour Indiens récalcitrants au cœur du Mato Grosso. Il en est revenu (de justesse), a écrit l'épisode, mais n'a pas été publié. Il a néanmoins adopté la technique de tenir un journal, et prend des notes au jour le jour au cours de ses périples, dans la perspective de futurs livres ou articles. C'est la raison pour laquelle on connaît le moindre de ses incidents de parcours et le nombre de ses ampoules aux pieds.

Il repart en 1949, avec le léger viatique d'un journal qui lui a commandé une série de reportages, enfin son rêve. Toujours en Amazonie, c'est vers la Guyane qu'il se dirige cette fois, au moins on reste en France. Il écrit d'abord plusieurs articles en rayonnant autour de Cayenne, puis retape l'incruste dans une expédition de géologie qui descend vers le sud au cœur de la jungle. Il arrive à Maripasoula, la commune la plus étendue de France, si si, avec la densité de population la plus faible, c'est pas demain la veille qu'ils auront un tramway. Aujourd'hui encore aucune voie terrestre ne la dessert, c'est l'avion ou la pirogue : ça tombe bien, car les plus calmes de ses administrés sont des chercheurs d'or clandestins armés jusqu'aux dents.

Maripasoula (elle n'aura donc pas besoin de souffler dans l'alcootesta, pardon, j'ai pas pu m'en empêcher) sera le point de départ de son expédition solitaire et pédestre à travers les monts Tumuc-Humac et la géhenne verte. En BlaBlaPirogue, il se fait convoyer un bout de chemin par le gendarme du secteur (qui vit sous antidépresseurs), lequel l'amène jusqu'au village de Grigel. Si on tape « Grigel » sur le site chambres-dhotes.com, ça donne « 0 chambres d'hôtes à Grigel. Comparez et réservez grâce à 0 photos et 0 avis ».

Et le voilà parti, avec son sac à dos, sa machette, sa carabine, son chien qui s'appelle Bobby – ça s'invente pas – et son petit carnet sur lequel il consigne tout. À partir de là commence la vraie galère qu'il était venu chercher, faim, fatigue, dysenterie, blessures. Il arrive dans un état d'épuisement extrême sur les rives du Tamouri au sud-est guyanais. Il comptait sur la chasse et la pêche pour survivre mais le seul gibier qu'il arrive finalement à abattre et bouffer, c'est son chien, adieu Bobby. Sa souffrance, ses affres, ses malheurs, ses menus, tout est noté. À ce stade, Raymond décide de déclarer forfait et de rejoindre la civilisation, ses Go Sport et ses Decathlon, mais c'est vite dit. Le premier village est à 70 bornes et il en a tellement ras la machette du trek dans la jungle qu'il décide d'y aller… à la nage ! Nous sommes le 13 janvier 1950. Il range bien toutes ses affaires et ses carnets à l'abri de la pluie, s'attache un sac étanche autour du cou, et plonge.

On ne saura pas la suite puisqu'il n'y a plus de notes et plus de carnet. On ne le reverra jamais. Il est évidemment très probable qu'il se soit noyé, et comme il n'y a pas que des poissons vegan dans ces rivières, il est assez logique qu'on n'ait pas retrouvé son corps.

Là finit son périple, là commence sa carrière médiatique. Si un jeune aventurier qui cherche les ennuis n'a pas grand intérêt pour le public, le même disparu devient soudain un sujet qu'on s'arrache. Car l'aventure ratée se double maintenant d'une épopée sentimentalo-filiale : le père, qui décidément tenait beaucoup à son fils, se met en tête de le retrouver. Pendant douze ans, le papa va parcourir l'Amazonie en tous sens, au fil d'une vingtaine d'expéditions, pour retrouver le fiston. Et ce d'autant plus opiniâtrement qu'on a découvert intacts les affaires et les carnets de son fils, un mois après sa disparition.

Dès lors, la machine à fantasmes journalistique l'accompagne : ce qu'on appelle désormais « l'affaire Maufrais » excite les imaginations, écho redondant de l'histoire de Fawcett. Il est vivant, il a rejoint une tribu d'Indiens qui l'a adopté, il est devenu chef d'une bande de trafiquants d'or, il erre amnésique au Brésil, ou il a formé un duo de danseurs de claquettes avec son aîné disparu. Les radiesthésistes s'en mêlent, on retrouve des témoins qui affirment l'avoir vu, et les déboires du papa, qui va de déconvenues en faux espoirs, victime d'escrocs et de mythomanes, en passant même par la case prison, intéressent vivement les journaux. La véritable aventure du fils, c'est le père qui la vit. Et qui en vit : sa quête désespérée fait vendre. Le livre du rejeton, qui n'était pas paru, trouve maintenant un éditeur, les carnets du disparu sont publiés dans un deuxième livre, plusieurs fois réédités, dont la dernière fois en 2004, et le père à son tour raconte son aventure pathétique dans un troisième livre, suivi par plusieurs films et émissions de télé.

Si vous voulez réussir dans la vie, mangez votre chien et disparaissez.

Le sacerdoce de John Chau (2018)

Pendant des siècles, l'exploration a été synonyme de conquête, d'appropriation. Ce n'est que récemment que les explorateurs sont devenus observateurs. Mais il semble bien que la volonté de formater les populations sauvages aux standards de la civilisation persiste chez l'homme blanc comme le virus de l'herpès. Alors qu'il ne reste quasiment plus dans le monde de groupes humains séparés du reste de l'humanité industrialo-galopante, que les derniers qui subsistent dans des îles ou des vallées quasi secrètes, sont protégés comme des rhinocéros blancs, eh ben, il se trouve encore des énergumènes pour aller les emmerder, et ce, même pas au nom du profit et du smartphone obligatoire, mais en reprenant le prétexte ranci qui justifiait dans les siècles passés les premiers viols de la vie sauvage : l'évangélisation. Le cas tout récent de l'Américain John Allen Chau dépasse l'entendement. Ce jeune exalté de 27 ans, imbibé à l'hystérie religieuse, apprend qu'il existe encore des tribus isolées dans des îles de l'océan Indien qui vivent toujours comme au néolithique, nues, de pêche et de cueillette, et sans dieu. Enfin, sans son dieu à lui. Comment ? Des brebis du Seigneur qui n'ont pas connu les bienfaits de l'Église catholique romaine ? Les agités ne se trouvent pas que du côté de l'islam, voilà une tâche digne d'un néomissionnaire des temps modernes, décidé à reprendre le flambeau des grands pasteurs du passé, quitte à faire sa croisade tout seul !

À l'automne 2018, il s'embarque incontinent pour les îles Andaman. Où il apprend que pour lui comme pour tout le monde, l'accès de l'île où vit la tribu préservée est interdit par les autorités indiennes et que les populations elles-mêmes refusent violemment le contact. Qu'importe, il en faut plus pour décourager un vrai chevalier du Christ. Il convainc des pêcheurs locaux de le transporter contre arguments sonnants et trébuchants, et débarque une première fois. Les autochtones furieux le rejettent à la mer avec rudesse. Mais sans le tuer. Il croit tenir le bon bout, il voit déjà les conversions à la pelle. Il revient, en payant les pêcheurs encore plus cher. Ce coup-ci, pour se faire bien comprendre, les nudistes atrabilaires appuient leurs arguments d'une bordée de flèches. Le martyr, qui peut-être n'attendait que ça – saint Sébastien 2.0 –, tombe raide mort. Et, double châtiment pour un martyr de l'évangélisation, il n'aura même pas de croix sur sa tombe : pour ne pas créer de problèmes inutiles dans ce contexte très délicat, les autorités ont décidé de ne pas récupérer le corps.

LES RATÉS DE L'AVENTURE AÉRIENNE

On date en général du premier vol de montgolfière en 1783 le début de l'ère où l'homme a lancé victorieusement ses sales pattes dans la seule direction qu'il n'avait pas encore polluée de sa présence : la verticale. Mais c'est avec les plus lourds que l'air que les choses se précipitent : entre le premier envol d'une machine à moteur, celle des frères Wright en 1903, et la première traversée aérienne de l'Atlantique en 1919 par Alcock et Brown[1], il se passe seize ans. Seize années intenses où l'avancée technique s'est emballée et a donné lieu à la course aux records, altitude, distance, vitesse... agrémentée d'une telle hécatombe d'énergumènes qui se lancent vers les cieux avec des mécaniques approximatives, qui vont de l'éclair de génie au n'importe quoi, et se cassent la gueule tout aussi mécaniquement, qu'il suffit de se baisser pour trouver des spécimens baroques.

1. Et non Lindbergh, comme un vain peuple continue à le croire.

Le deltaplane de Lilienthal (1896)

Il y a eu certainement un premier. Un hurluberlu qui s'est jeté d'un rocher, avec au bout des bras un attirail quelconque qui ressemblait à des ailes d'oiseau – puisque eux y arrivent, y a pas de raison –, en criant « je vole, je vole », avant de se pulvériser sur les cailloux, un nombre inconnu de mètres plus bas. À partir de celui-là, innombrables ont été ceux qui, à toutes époques, accoutrés de bricolages divers, ont sauté dans le vide à son instar, et innombrables ont été ces aventuriers de la pesanteur qu'on a dû ramasser à la petite cuillère. Le premier à faire un saut qui ressemblait à quelque chose avant de se rétamer s'appelait Otto Lilienthal.

À la toute fin du XIXe siècle, en exploitant habilement les progrès des matériaux, la menuiserie de bois plus légers et plus solides, des toiles moins denses et plus façonnables, Lilienthal a eu deux traits de génie. Un : contrairement à ses prédécesseurs, après avoir testé différents systèmes, il a subodoré qu'imiter le vol des oiseaux avec des mécanismes idiots pour remuer les ailes en faisant cui-cui était une impasse ; deux : il a compris par contre qu'à l'exemple des oiseaux, il fallait profiter de l'aérologie, alors que le mot n'existait pas encore, c'est-à-dire se faire aider du vent, profiter des courants ascendants. Méthodique, il y a été progressivement, sautant de hauteurs de plus en plus élevées quand il était assuré que son bricolage du moment pouvait le tenir en l'air. Pour l'essentiel de ses tests, il a utilisé une colline artificielle à Berlin et, sans le moindre gadin, il a bouclé des centaines de sauts qu'on pouvait vraiment appeler « vols planés », puisque lors des derniers essais, il arrivait à se diriger un tant soit peu, avec le principe même de balancier utilisé de nos jours dans les deltaplanes pendulaires. Il planait sur des distances de plus en plus longues, de l'ordre de 300 mètres dans les années 1890. Arrivé au bord de franchir l'étape supplémentaire d'adapter un moteur à hélice à ses planeurs, c'est avec sa seizième machine qu'il décolle, le 9 août 1896, toujours au même endroit. Le temps est idoine, l'aile semble donner satisfaction – un nouveau modèle biplan qui devait augmenter la portance pour y coller l'éventuel moteur –, l'inventeur exécute un premier vol prometteur (au fait : est-ce lui qui devait se fader le trimballage retour de son Playmobil, pour le remonter au sommet à chaque tentative ? Ou avait-il des arpètes ? L'histoire ne le dit pas). Aussi fiable que pouvait être l'assemblage de l'Allemand, les tâtonnements de l'homme dans l'aérodynamique obéissaient à des paramètres dont nul n'avait encore l'expérience en totalité et que nul ne pouvait maîtriser.

Le premier essai s'est bien passé, alors Lilienthal s'élance pour un deuxième vol. C'est sans doute un de ces petits dérapages impondérables qui se produisit : bourrasque, faux mouvement du pilote, point faible dans la structure ? La défaillance d'une membrure plie une des deux ailes. L'engin se cabre, le pilote tente de retrouver son assiette comme il l'avait fait tant de fois, mais au lieu de se stabiliser, le planeur décroche. L'altitude n'est pas très haute, une quinzaine de mètres, mais il est rare qu'on puisse tomber d'un cinquième étage sans dégâts. L'inventeur se brise une vertèbre cervicale. Parler de « raté » à son égard est peut-être un peu abusif, mais tout de même, se planter après plus de deux mille vols, en plein succès, c'est vexant. Transporté à une clinique voisine en calèche, il meurt quelques heures plus tard. Pionnier même dans sa mort : la rupture de vertèbres est la blessure qui actuellement reste la plus létale dans les accidents de deltaplane ou de parapente.

***

L'ANGOUMOIS PLANANT

S'il est indéniablement le pionnier de l'aviation (les frères Wright, constructeurs du premier avion digne de ce nom, revendiquaient son héritage), Lilienthal n'est quand même pas le tout premier à avoir glissé sur l'azur. Nous, les Français qu'on est les meilleurs, l'avons précédé de presque un siècle. En mai 1801, André Guillaume Resnier de Goué, général de la Révolution et bricoleur fou, se jeta avec une aile de sa conception du haut des remparts d'Angoulême, qui dominent de 30 mètres la Charente. Plus que d'un vol réussi, on peut plutôt parler d'une chute amortie, mais quand même bien amortie, puisque le fou tombant n'a eu comme dégât à l'arrivée qu'une jambe cassée. Ce qui veut dire que son zinzin l'avait un tant soit peu ralenti, et qu'il était tombé un peu en biais, à une paire de centaines de mètres de son point de départ. C'est lui le premier ! C'est lui le premier !

Salomon August Andrée, n'y va pas ! (1897)

Tout le monde lui disait : « N'y va pas ! » Qu'il s'adresse à un aérostier professionnel, à un vétéran de l'exploration polaire, à un marin chevronné de l'Arctique ou à un météorologue, la réponse était la même : « N'y va pas ! » Mais l'ingénieur suédois issu d'une lointaine famille française, d'où son nom, était têtu. Salomon Andrée aimait les ballons, ceux qui chatouillent les nuages. Depuis tout petit, il rêvait ballons, respirait ballons, vivait ballons. Ses études de physique n'eurent qu'un but : devenir aérostier et monter en ballon. Aussi, alors qu'on était en pleine épopée de la conquête des pôles, que les gazettes d'Europe et de Scandinavie en particulier relataient par le menu la compétition des explorateurs, une idée folle le réveilla la nuit par sa lumineuse évidence : réunir les deux dans la même audace, conquérir le pôle Nord en ballon. En partant du Spitzberg, archipel situé à 1 200 kilomètres du pôle, il suffirait d'être poussé par le vent à raison de 100 kilomètres par jour pour y être en douze jours. Pour revenir, comme il ne pouvait pas commander aux vents de souffler dans l'autre sens, eh bien, il suffirait de continuer dans la même direction : de l'autre côté, il se retrouverait au Canada, d'où il rentrerait en bateau et voilà tout. À partir de 1893, il commença à s'entraîner sur divers montgolfières et ballons, avec des bonheurs divers. Et il parla de son projet autour de lui.

Mais les vents arctiques, doués d'un esprit d'indépendance peu commun, sont trop imprévisibles pour s'en remettre à leurs seuls caprices ! objectèrent certains ; Andrée décréta que les vents dominants portaient au nord et donc le pousseraient dans la bonne direction. Mais un ballon rempli d'hydrogène va se dégonfler avant de faire la moitié du voyage ! objectèrent d'autres ; mais non, on le gonflera à bloc au départ et j'ai une enveloppe hypergarantie sans aucune fuite, ricana Andrée. Mais la neige et la glace vont l'alourdir et il perdra de l'altitude ! objectèrent des troisièmes ; pas du tout, rétorqua Andrée, car j'ai une botte secrète : un système épatant de grosses cordes qui vont traîner sur la banquise en ralentissant le ballon, et comme du coup, il ira moins vite que le vent, le vent chassera la neige et la glace. Mais comment comptes-tu emporter ces lourdes cordes, et trois passagers, et assez de vivres et d'eau pour un nombre indéterminé de semaines, sans parler de la bière et de l'aquavit nécessaires pour un Suédois honnête ? objectèrent les derniers arrivés. En construisant un énoooorme ballon, assez gros pour emporter tout ça ! triompha Andrée. Alors, les objecteurs se groupèrent en se tenant par les bras et chantèrent en chœur à quatre voix : « N'y va pas ! »

Le seul soutien qu'il trouvait dans son délire était celui du public suédois. Par rapport aux autres nations nordiques, la Suède était très en retard sur l'exploration polaire qui faisait vibrer la planète, pas le moindre record, pas le moindre héros, pas le moindre endroit prestigieux où flottait le pavillon bleu à croix jaune. Enfin, un Suédois relevait le défi avec des moyens modernes et ambitieux ! Le projet souleva l'enthousiasme des foules, et ce mouvement favorable de l'opinion publique permit à Andrée de trouver ses financements auprès de riches parrains, et même du roi.

La première tentative en 1896 fut un lamentable échec. Son superballon, construit en France et baptisé *Örnen*, est amené au Spitzberg et monté pour un décollage à l'été. On le gonfle à l'hydrogène, Andrée et ses deux équipiers sont prêts à larguer les amarres, mais ils ne larguent rien du tout. On attend d'abord le bon vouloir du vent, qui s'obstine à venir du nord et non pas à y aller, et puis on s'aperçoit que l'enveloppe fuit comme trente-six pétomanes. On regonfle le ballon à mort mais les vents restent d'une perfide mauvaise volonté, et au bout de deux semaines d'attente, l'aérostier jette l'éponge. La presse consternée relate l'échec, les sponsors tirent la tronche, mais Andrée ne renonce pas : il annonce sa prochaine tentative pour l'été suivant. Alors, un chœur de deux cents choristes accompagné d'un orchestre symphonique entouré des experts, des navigateurs burinés, et des scientifiques de haut niveau entonnèrent « N'y va pas ! » en trois tonalités différentes.

À l'été 1897, avec deux nouveaux équipiers dont un photographe (les deux précédents, instruits par l'expérience, avaient rejoint le chœur ci-dessus), Andrée se prépare à repartir du même endroit, avec le même ballon un peu recousu. Miracle, ce coup-ci, le vent est complice de leur inconséquence et le 11 juillet, l'aérostier donne l'ordre de couper les cordes. David Guetta et une sono light-show laser de 2 000 watts balancent le Up Dub « N'y va pas ! » qui résonne sur la banquise, mais c'est trop tard, Andrée est parti. Le ballon prend très laborieusement de l'altitude, et s'éloigne avec son équipage. On ne les reverra plus vivants. Le linceul glacial des solitudes arctiques s'est refermé sur eux. Après plusieurs mois sans nouvelles, les journaux de Suède et d'ailleurs n'auront plus qu'à conjecturer sur leur disparition. Si leur échec était programmé, le lieu et les circonstances de leur chute restent un mystère.

Pendant trente-trois ans.

Car trois décennies plus tard, en 1930, un explorateur norvégien, le docteur Gunnar Horn, découvre par hasard les restes de l'expédition, conservés par le gel sur une petite île recouverte de glace au nord-est du Spitzberg. Au milieu des objets éparpillés autour des corps, le Norvégien trouve des plaques photographiques. Serait-il possible que… ? Après trente ans dans la glace et le blizzard ? Il rapporte les plaques chez lui et les développe précautionneusement : le destin et la chimie se sont acolytés pour faire un cadeau à l'histoire humaine. Andrée et ses compagnons ressuscitent sur les clichés, l'agonie de l'*Örnen* y est filmée en roman-photo et, avec le journal de bord très complet tenu au jour le jour par le photographe, on peut reconstituer l'histoire dans ses moindres détails, dès les premières minutes du vol.

Il n'a pas fallu dix heures aux aéronautes pour comprendre le caractère présomptueux de l'entreprise. Les éléments les rappellent à la réalité, l'enveloppe alourdie par la glace et perdant son gaz ne tient pas l'air, et, malgré le largage de caisses de vivres et de matériel, la nacelle commence à taper de plus en plus souvent les glaçons. Au bout de cinquante heures d'une éprouvante navigation en ping-pong, mais toujours poussé vers le nord, l'aéronef se couche définitivement le 14 juillet, et les trois hommes se retrouvent sur le pack. Cinquante heures, c'est pas lerche, mais suffisant pour se retrouver à 600 kilomètres de leur point de départ, distance qu'il faut reparcourir à pied pour rentrer. Problème : pas plus qu'il ne tenait compte des « N'y va pas ! », l'ingénieur n'a écouté les conseils des pros de l'Arctique, et s'il a emporté un matériel pléthorique (y compris champagne et porto, authentique), s'il a tout ce qu'il faut pour camper à Pornichet, il n'a rien pour affronter la marche polaire. Il dispose de tentes, vêtements, canot démontable, traîneaux démontables, mais rien n'est adapté à la banquise. Et pourtant, les naufragés ont tenu trois mois avant de rendre l'âme. Trois mois pendant lesquels ils marchent, exténués et gelés, en vivant un calvaire, mais contrairement à d'autres infortunés sinistrés polaires, la dérive de la banquise les aide en les poussant dans le bon sens. Ils touchent une terre, s'y installent pour hiverner, mais la bienveillance de la Providence s'arrête là. Le dernier mot écrit date du 17 octobre, puis plus rien. On devine qu'ils sont morts de froid, de détresse et d'épuisement à peu de distance les uns des autres, là où on a retrouvé leurs cadavres.

Et en Europe, les experts et les pros de l'aventure hochèrent gravement le menton en répétant : « Fallait pas y aller ! »

Le saut très périlleux de Reichelt (1912)

Qu'est-ce qui poussa en 1911 cet obscur tailleur autrichien nommé Franz Reichelt à se mêler d'aéronautique ? Désir de célébrité ? De découverte ? De fortune ? En ces années où les progrès galopants des techniques lançaient tous les bricoleurs dans des obsessions fébriles, l'appel de l'aventure le plus capiteux venait des nuages. Participer un tant soit peu à cette immense épopée qu'était la conquête du ciel devint la marotte dominante de tous les héros amateurs, conquérants de leur salle de bains. Sans parler du fait que parmi toutes ces innovations sur lesquelles les yeux du public étaient braqués, l'une ou l'autre pouvait rapporter la fortune.

C'est sans doute un peu de tout ça qui incita ce tailleur de 32 ans installé près de l'Opéra à Paris, et tout récemment naturalisé français avec le prénom de François, à mettre ses talents professionnels au service de l'aviation. Il ne connaissait ni l'aérodynamique, ni la menuiserie, ni le moteur à explosion, mais couper et coudre les tissus, ça, il savait faire. Or, depuis les premières montgolfières, et surtout depuis la vogue des plus lourds que l'air, certaines bonnes âmes avaient eu l'idée de sauver les héros du ciel des défaillances de leurs bricolages grâce à un dispositif destiné à ralentir la chute comme son nom l'indique : le parachute. Jusque-là, les pionniers dont la machine volante se transformait inopinément en enclume à la suite d'une crevaison d'enveloppe ou d'une panne de moteur, n'avaient comme recours que de prier Dieu et de revoir leur vie très vite avant de s'écraser sur le pavé. Le principe du parachute avait déjà été testé, mais aucun modèle ne s'était révélé vraiment opérationnel, et la mortalité durant les meetings d'aviation qui proliféraient en rendait l'usage urgent.

Reichelt se mit au travail sur ses carnets d'ébauche, puis avec son mètre et ses ciseaux, se persuada d'avoir trouvé le prototype grâce auquel les aviateurs en perdition pourraient se jeter dans le vide et se poser sur le sol en douceur, voire avec élégance. C'était un informe tas de tissus emberlificotés, à mi-chemin entre un costume de chauve-souris raté et une tente de cirque après la tempête, doté au surplus d'armatures métalliques censées le rendre plus performant. Mais le tailleur était convaincu de son invention, et il ne demandait qu'à le prouver. Lui, Reichelt, n'avait pas besoin de débauches de cylindres et d'ailes profilées, il allait entrer dans la légende aérienne avec son mètre et ses ciseaux, il se hisserait au rang de tous ces poseurs qui faisaient courir le public et se pâmer les femmes avec leurs moteurs puants. Après des semblants d'essais avec des mannequins jetés d'altitudes variables, qu'il se persuada n'être pas aussi ratés que ça, il fit un test grandeur nature avec lui-même en sautant d'une petite hauteur. Le résultat ne cassa rien sauf une de ses jambes, et il décida alors de passer à l'expérimentation réelle. Il écrivit aux journaux et convoqua la presse pour le 4 février 1912 au matin, au premier étage de la tour Eiffel.

Toujours à l'affût d'un événement sensationnel à même de racoler les lecteurs, et ça promettait d'en être un, bien dans l'air du temps et spectaculaire quelle que soit son issue, les journalistes répondirent présents et furent nombreux sur les lieux. Mais pas seulement eux.

Car il n'y avait pas que l'aviation qui avait fait des progrès en vingt ans, le cinéma aussi. Il se trouvait que cette année 1912 voyait la naissance d'un de ses avatars, les actualités cinématographiques. Dès qu'ils eurent vent de la tentative, les dirigeants de Pathé envoyèrent sur place une équipe. Ils placèrent une caméra au premier étage pour les gros plans et une au pied de la tour Eiffel pour filmer l'intégralité du saut. Ce sont les images qu'ils tournèrent qui permirent au tailleur de passer à la postérité, car elles firent le tour du monde. Plus d'un siècle après les faits, il suffit de taper « Reichelt » sur un quelconque moteur de recherche pour les voir.

Pour deviner la fin de l'histoire, la première image suffit : avec son pardessus volant aussi léger qu'une peau de mammouth, le cryptoparachutiste avait la portance d'une meule. C'était de toute évidence une mort annoncée, combien de témoins présents en étaient convaincus qui n'ouvrirent pas la bouche. L'aventurier était parti pour se planter au sens propre. Et c'est effectivement ce qui se passa. Démarrez les caméras, tournez les manivelles… Accompagné de deux « amis », ou assistants, d'aucuns disent « commanditaires », celui qui va mourir monte avec son harnachement sur une pauvre table qu'on a poussée contre la balustrade (alors dénuée de dispositif anti-suicide), grimpe sur le pauvre tabouret qu'on a posé sur la table pour être à la bonne hauteur (il n'y avait donc pas d'escabeau dans ce foutu premier étage ?) et jette à peine un œil sur les 60 mètres de vide qui le séparent de son tombeau. Il regarde surtout l'attifement qui est censé le maintenir en vie, défait un pli, le refait, et il hésite longtemps. S'il se pose des questions maintenant, avec les caméras qui cliquettent, c'est trop tard pour y répondre. Les héros de l'air ne sont pas des lâches. Et François Reichelt se jette dans le gouffre.

Conformément aux lois de la gravitation, il parcourut le chemin le plus court entre la balustrade et le sol, sans que ses chiffons ne le ralentissent une seule seconde. 60 mètres de chute libre filmée en continu.

Après ce plan-séquence, une fois le corps disloqué emmené par la police, la caméra du bas filme le trou de l'impact et on y place même une toise pour en montrer la profondeur : 15 centimètres. Le préfet qui avait donné l'autorisation éluda sa responsabilité en prétendant que Reichelt avait déclaré se servir d'un mannequin et avait changé son projet sans le dire. Les suicidés suivants ne s'encombreront pas d'un costume si volumineux.

Ce texte a-t-il vraiment besoin d'une chute ?

***

Tombés des nues

Déjà en 1836, l'Anglais Robert Cocking était persuadé d'avoir trouvé le dispositif pour tomber en douceur : il se fit lâcher d'un ballon à 1 200 mètres d'altitude. Son parachute, utilisant le bon principe, mais à l'envers (un cône la pointe en bas !), ne fit qu'accélérer sa chute. Par malheur pour sa postérité, mais par bonheur pour les âmes sensibles, la caméra n'avait pas encore été inventée pour filmer l'état du pionnier à son arrivée.

Il est à noter que l'inventeur du parachute proprement dit – et le premier à l'expérimenter – fut le Français André-Jacques Garnerin, qui sauta d'un ballon en 1797 et parvint à toucher le sol en douceur : il ne s'en tira qu'avec une entorse. Il est aussi à noter que ce casse-cou professionnel qui passera sa vie sur des aéronefs divers et sautera moult fois de hauteurs variables sans se tuer, mourra sur le chantier de son futur ballon. De la chute d'une poutre.

Laperrine, le général airbag (1920)

En 1919, le général Nivelle, dont le nom restera associé aux sanglants échecs de ses offensives hasardeuses lors du premier conflit mondial, n'en a pas vu sa carrière entachée pour autant, et se retrouve commandant en chef de l'armée d'Afrique du Nord. Tout enthousiasmé par la virée en avion qu'il vient de faire comme passager au-dessus du Sahara, il décide de commander un raid aérien de repérage, – en fait, une aventure purement sportive à son profit, l'exploit d'une première – sous le prétexte de reconnaître la route Alger-Tamanrasset dans le projet fumeux d'une voie ferrée.

Il en confie l'organisation à un officier spécialiste des questions sahariennes, commandant de la division d'Alger, le général François Henry Laperrine. Dans le Sahara que ce dernier a lui-même contribué à pacifier, dont on commence à connaître les reliefs et les principales pistes, la chose est envisageable. La tâche devient ardue quand l'ordre arrive de Paris de prolonger le raid jusqu'à Tombouctou, puis jusqu'à Dakar, pour voir si on peut relier l'Algérie et l'Afrique noire autrement que par des pistes longues et dangereuses. Laperrine est un militaire consciencieux, il fait son travail et prépare ce lointain ancêtre du Paris-Dakar version aérienne, autant que faire se peut. Étapes soigneusement définies, aménagement de terrains d'atterrissage, ravitaillement en essence apporté sur place par voitures ou chameaux, repérage et balisage du trajet, pièces de rechange, mécaniciens, postes de radio. Au briefing des pilotes, il insiste sur la vraie difficulté du raid : l'orientation. À l'époque, cette difficulté est la même pour toute liaison aérienne à longue distance : loin des GPS, des radars et des transpondeurs, on ne s'oriente qu'à vue. Le compas reste approximatif, la méthode consiste à suivre de haut les trajets terrestres, rails, routes, cours d'eau : Laperrine enjoint à ses aviateurs de suivre scrupuleusement les pistes et les oueds que lui-même connaît bien, pour avoir pratiqué le pays pendant de nombreuses années.

Les avions sont des Breguet XIV, biplans très appréciés lors des combats de 14-18, et qui se refont une carrière en temps de paix (ce sont les mêmes qui serviront, quelques années plus tard, à l'Aéropostale). Mais ils restent incertains sur de longues distances, car les nouveaux moteurs n'ont pas encore fait leurs preuves. Nivelle tourne la difficulté en engageant sept avions en tout : ils s'assisteront les uns les autres et sur les sept, au moins un arrivera au bout.

Le 3 février 1920, sur l'aérodrome d'Alger, le fougueux général en chef, écharpe au vent et lunettes d'aviateur sur le front, prend le départ pour son aventure héroïque à la tête de sa vaillante escadrille, sur le siège passager. Il n'y a pas de fanfare, mais quelques journalistes sont là (les humoristes de l'époque prétendaient que sa femme Emma faisait démarrer les moteurs). Laperrine salue son chef, ne dit rien et n'en pense pas moins : c'est lui, le Saharien, qui devrait être à bord des avions, et non le fanfaron aux états de service discutables. Le destin et la précarité du nouveau moteur Breguet vont l'entendre. D'abord le moteur : à quelques kilomètres de son point de départ, l'avion de Nivelle tombe en panne et doit atterrir. Puis le destin : avant même que le général en chef puisse reprogrammer son départ, il est rappelé à Paris. Le partant désigne tout naturellement Laperrine pour le remplacer. Celui-ci ne se le fait pas dire deux fois, il va enfin admirer son Sahara vu du ciel.

Le 8 février, l'escadrille atterrit à In Salah sans problème, s'y trouve bloquée par une tempête de sable, n'en repart que le 14, et rejoint Tamanrasset dans la soirée. La première partie de la mission (réaliser la première liaison aérienne Alger-Tamanrasset) est une réussite. C'est la fête avec le chef arabe local, ami de Laperrine. Mais ce n'est pas la fête chez les avions. En fait, seuls deux d'entre eux se révèlent capables de continuer la course, les autres ne sont plus en état de voler sans risque. Car l'étape suivante, en direction de Tombouctou, traverse un désert redouté : le Tanezrouft. Il est prévu de se poser à mi-chemin, à Tin Zaouaten, pour le ravitaillement et les révisions, mais au vu de la débandade mécanique, le pilote d'un des avions exige qu'un mécanicien les accompagne, lui et le général.

Problème, les Breguet n'ont que deux places, l'une pour le pilote, l'autre pour le mécanicien. Un passager qui prend la deuxième place sacrifie le mécanicien : il était prévu que les avions volassent de concert, ainsi un avion pouvait être secouru par le mécanicien d'un autre en cas de panne. L'exigence du pilote change la donne. Deux sièges, chacun dans leur alvéole, l'une derrière l'autre, rien n'est prévu pour un troisième passager. Pourtant, le général doit impérativement être du voyage, non seulement parce que c'est le chef de l'expédition, mais parce que lui seul connaît cette partie du désert et les repères qu'il faut suivre pour garder la bonne direction.

Alors, Laperrine trouve la solution à la bonne franquette : le mécanicien prendra sa place et lui, il montera sur les genoux du mécanicien. Les deux hommes seront un peu serrés, mais si le vol se passe sans incident, il ne faut guère qu'entre trois et quatre heures à un Breguet pour parcourir les 500 kilomètres qui séparent « Tam » de Tin Zaouaten, une durée supportable, et puis, de cette intimité prolongée peut naître une belle histoire d'amour, allez savoir.

Le 18 février 1920, le Breguet XIV piloté par l'adjudant Bernard décolle de Tamanrasset, avec à l'arrière, serrés comme des sardines dans leur petit trou, le général Laperrine sur les genoux de Vaslin, le mécanicien. Leur décollage est suivi de peu par celui du deuxième biplan, piloté par le commandant Vuillemin.

C'est alors que rappliquent deux invités indésirables : la brume et le vent de sable. On s'est à peine éloigné de Tamanrasset que le général a déjà du mal à localiser la piste. Là-dessus arrivent les nuages, les deux avions se perdent de vue. Le Breguet de Laperrine continue dans la direction que ce dernier croit la bonne, mais dans les trous des nuées, il ne reconnaît ni les reliefs, ni les oueds, et au bout de deux heures, il admet qu'il est perdu. L'avion fait des tours et des détours, mais pas le moindre signe du village-étape. Ils envoient un message de détresse par la radio que personne n'entendra, et pour cause, ils ont gravement dérivé vers le sud-est. Au bout de quatre heures de vol, il ne reste que vingt minutes d'essence, juste de quoi chercher un terrain de fortune pour se poser dans l'inconnu. Bernard croit voir un endroit propice, il tente d'atterrir mais le sable est trop mou, à peine les roues l'ont-elles touché qu'elles s'y enfoncent et l'avion capote. Le crash est violent, toutefois l'appareil renversé ne prend pas feu et ses occupants peuvent s'en extraire. Le pilote se relève sain et sauf. Il se préoccupe aussitôt des deux passagers du siège arrière : le choc a propulsé les deux hommes en avant, Laperrine s'est écrasé contre le fuselage mais ce faisant, il a servi d'amortisseur à Vaslin. C'est le général qui a encaissé le choc, il est gravement blessé, clavicule et côtes cassées, le mécanicien sur lequel il était assis n'a que de légères contusions. Les deux aviateurs s'occupent de leur passager mal en point et étudient leur situation. Ils se croient non loin de Tin Zaouaten, ils en sont à 200 kilomètres.

À partir de là commence une épouvantable attente, dans la chaleur et les tempêtes de sable, eau et nourriture pour quelques jours, avec un blessé qui chemine lentement vers l'agonie. Ils savent qu'on va les rechercher, mais où et comment ? Par deux fois, ils tenteront de rejoindre les secours à pied en traînant le général qui souffre atrocement, puis abandonneront en cours de route pour revenir à l'épave.

Quand Laperrine meurt, le 5 mars, soit seize jours après le crash, les deux autres ne sont pas loin de le suivre. Ils n'ont plus la force d'enterrer le corps. Ils tiendront quand même encore huit jours avant de prendre la décision d'abréger leur souffrance avec les cartouches qu'il leur reste. C'est à ce moment précis qu'ils entendent un bruit familier : le blatèrement d'un chameau. Ils tirent en l'air les cartouches qu'ils se destinaient, et voient surgir, incrédules, le détachement de méharistes qui vient de réaliser le prodige que l'humanité leur envie : trouver l'aiguille dans la botte de foin. En l'occurrence, la fibule dans la mer de sable.

Le corps du général sera ramené et enterré à Tamanrasset qui, du coup, pendant toute la durée de la colonisation française, prendra le nom de « Fort Laperrine ». Mais comme on n'a pas jugé bon de pérenniser l'utilisation des généraux comme protection frontale en cas d'accident, l'industrie automobile ne contribuera pas à sa postérité.

Raymond Vanier, du manche à balai au balai (1930)

Ce livre, qui raconte les échecs de virils conquérants, évoque des histoires qui se terminent souvent par la mort du malchanceux protagoniste. Pour changer, voici l'histoire d'un héros de l'aventure qui a raté sa sortie.

S'il est une épopée légendaire dans l'aviation, c'est bien celle de l'Aéropostale. Depuis les années 1930, la première compagnie aérienne française qui tenta d'établir une ligne commerciale régulière entre l'Europe et l'Amérique du Sud, se transforma en une telle pépinière d'aventuriers et de pionniers merveilleux, que la seule évocation de son nom semble ouvrir un livre d'images d'Épinal à la gloire de l'audace française. La quantité d'encre dépensée pour décrire leurs aventures s'est révélée incommensurablement supérieure à celle du courrier qu'ils ont pu transporter. Il faut dire que les dix pilotes principaux de l'Aéropostale devenus des icônes légendaires sont tous morts en héros, dans des circonstances tragiques ou mystérieuses. Tous, sauf un, qui est mort dans son lit.

Alors que ces surhommes du palonnier ont accompli des exploits aéronautiques, qu'ils ont bravé tous les dangers, les pannes, les tempêtes de l'Atlantique, les écrasements dans les Andes, qu'un Saint-Exupéry y a ajouté la gloire littéraire et Mermoz la gloire militaire, que depuis un certain hiver 1930, toutes les bêtes essaient de faire ce qu'a fait un Guillaumet mais n'y arrivent pas[1], ils ont tous conclu par une fin héroïque leur existence si riche. Qu'on en juge : Émile Barrière, disparu dans l'Atlantique dans des circonstances inconnues, lors d'une liaison Natal-Dakar. Henri Erable, contraint à un atterrissage forcé dans le désert africain, qui se fait capturer, torturer et tuer par les Maures. Henri Guillaumet, abattu par des chasseurs italiens au-dessus de la Méditerranée en 1940. Léopold Gourp, qui a subi le même sort qu'Erable après avoir atterri pour le secourir. Jean Mermoz, disparu dans l'Atlantique suite probablement à une panne (mais déjà un peu naufragé dans l'extrême droite), André Parayre, disparu dans l'Atlantique dans le même avion que Barrière, Marcel Reine, descendu en Méditerranée avec Guillaumet, Antoine de Saint-Exupéry, abattu en Méditerranée aux commandes de son Lockheed P-38.

Seul Raymond Vanier est mort chez lui, à 70 ans. Il avait vécu comme ses collègues la tumultueuse histoire de l'Aéropostale. Pilote expérimenté et confronté de même à tous les aléas de ces premières liaisons transatlantiques, si fiable et compétent qu'il deviendra l'adjoint du tyrannique directeur de la compagnie, Didier Daurat. Vanier aussi essuie les plâtres des vols au long cours balbutiants, lui aussi atterrit en catastrophe pour secourir ses collègues dans le Sahara, lui aussi fait la guerre. Mais il ne disparaît pas, n'est pas abattu, n'écrit pas de livre et ne demande à aucune bête de l'imiter. Résultat : il termine sa carrière pépère, fonctionnaire à Air France, chef du département postal, épluchant

1. Guillaumet est l'auteur de la citation devenue proverbiale : « Ce que j'ai fait, aucune bête ne l'aurait fait. »

les barèmes syndicaux pour calculer ses congés payés. Devenu commandeur de la Légion d'honneur, il atteint tranquillement la retraite en classant des timbres et en faisant le ménage dans son pavillon de banlieue. Le moins célèbre des pilotes de l'Aéropostale meurt d'une longue maladie en 1965. On n'aura pas besoin de monter une expédition sous-marine pour retrouver ses restes dans l'épave de son avion, il suffit de se rendre au Père-Lachaise, division 3.

LES RATÉS DU PÔLE

La conquête des pôles a fasciné les humains pendant plus de trois siècles. Poser le pied à l'endroit où passe l'axe de la Terre, au nord ou au sud, a curieusement représenté un fantasme violent et durable, qui envoyait des fourmis dans les jambes de tout postulant explorateur, des flammes dans ses rêves – ce qui sous ces climats tombait bien –, et qui a suscité plus de vocations aventurières qu'aucun autre Graal géographique. Il était donc prévisible que, dans cette masse de candidats conquérants de toutes époques, une flopée allait se ramasser plus ou moins cruellement. De la disparition de Franklin au désastre de la *Jeannette*, les aventures ratées vers les pôles sont kyrielle. On ne retiendra donc que celles qui ont poussé la déconfiture aux limites de l'insolite.

Les fantômes de Franklin (1845)

L'expédition Franklin a ceci de particulier que son ratage a constitué un moteur exceptionnel pour l'exploration des régions arctiques pendant deux décennies. La disparition de l'explorateur anglais, envoyé en 1845 par l'Amirauté chercher le « passage du Nord-Ouest », c'est-à-dire un passage de l'Atlantique au Pacifique par le nord, est de celles qui ont remué les foules. Franklin était une huile de la marine britannique, parti avec deux vaisseaux construits exprès pour, et un tout nouveau système de boîtes de conserve révolutionnaire. C'était le temps où les officiers de Sa Gracieuse Majesté entreprenaient les expéditions vers les pôles en gants blancs, avec juste une écharpe et un paletot, pour le cas où les conditions météo s'avérassent discourtoises. À cette époque en effet, outre le caractère rudimentaire des équipements pour conditions extrêmes, le trait commun des explorateurs polaires était le mépris total pour les techniques eskimos qui permettaient la survie des populations autochtones. L'expédition disparut dans les blizzards arctiques à – 50 °C, comme on pouvait s'y attendre. Mais l'amiral avait une épouse qui l'attendait à Londres, et dont la volonté et l'entêtement à ne pas se voir veuve sont presque devenus plus célèbres que le mari envolé. Jane Franklin remua ciel, terre et Chambre des lords pendant quinze ans, elle énerva tout le monde avec ses jérémiades. Dix-neuf expéditions de secours, quarante navires, dont huit ne reviendront pas, 8 000 000 de livres dépensées, des dizaines de morts, presque vingt années passeront avant qu'un certain McClintock, un de plus envoyé au congélateur par l'infatigable lady, n'arrive à percer le mystère. Au bout d'un cap glacé, il trouva un message laissé par l'expédition perdue. Il disait en gros « Tout va bien » et donnait des informations rassurantes. Malheureusement, dans les marges du message, des gribouillis avaient été rajoutés plus tard, beaucoup moins réjouissants. Repassant sur les lieux onze mois après, dépourvus de papier ou voulant laisser toute la chronologie, les hommes de Franklin avaient écrit sur la même feuille la suite des événements : les bateaux bloqués par les glaces, froid et scorbut, le commandant mort avec quinze de ses hommes, le reste des équipages qui partait à pied vers le sud. Aucun n'y survivra. Des années après McClintock, on trouvera encore de-ci de-là des vestiges de l'expédition Franklin, conservés par les tribus eskimos, puis l'histoire se figera dans les livres[1]. Cent vingt ans plus tard, en 1986, une expédition conduite par un certain docteur Beattie exhuma à l'île Beechey les corps de trois marins de l'expédition Franklin, parfaitement conservés par le froid. Il eut l'idée d'en faire une autopsie. Elle révéla que les trois hommes étaient morts d'une intoxication à l'oxyde de plomb, vraisemblablement due aux boîtes de conserve dont la technique n'était pas encore au point. Valait-il mieux mourir rassasié et empoisonné, ou gelé et le ventre vide ?

1. Les épaves des deux bateaux de Franklin, le HMS *Erebus* et le HMS *Terror*, ont été localisées, respectivement en 2014 et 2016, par des expéditions de recherche canadiennes.

La jugulaire du lieutenant Greely (1881)

Cette expédition vers le pôle Nord ne présentait au départ aucune de ces improvisations qui condamnaient d'avance les tentatives aussi volontaristes que mal préparées. Tout au contraire, organisée par l'armée américaine, composée de soldats dirigés par des officiers de formation scientifique, elle présentait toutes les garanties d'organisation, d'anticipation, d'ordre et de méthode. La conquête du pôle Nord n'était même pas son objectif numéro un : il s'agissait d'abord d'établir une base météo à l'extrême nord du continent américain dans le cadre de la première année polaire internationale. Si les circonstances se révélaient favorables, une poussée sur l'axe du monde pouvait certes être envisagée, mais, seul accent de compétition, la mission devait se contenter de battre le record de latitude nord détenu jusqu'alors par les Anglais à 83° 20', rien de fou ni d'irréaliste. Et pourtant, cette expédition allait laisser sa trace au hit-parade des pires cauchemars de la conquête polaire.

Comme bien des armées du monde en ces années 1880, celle des États-Unis était impécunieuse. Une base météo au nord du nord du Canada, ça n'intéressait pas vraiment les militaires, le prestige de battre le record de norditude les faisait à peine frémir, bref, de débats de spécialistes en querelles de sénateurs, ils ne se donnèrent pas les moyens de la mission. C'est même à bord d'un bateau civil, un baleinier affrété à grand mal, le *Proteus*, avec un matériel tout juste congru, que s'embarquèrent les dix-huit soldats du Signal Corps, sous le commandement du lieutenant Adolphus Washington Greely, assisté de deux autres lieutenants, de deux guides esquimos et d'un médecin de nationalité française, le docteur Pavy, vingt-cinq hommes en tout. Mais la gloire n'attend pas l'intendance et le 4 juillet 1881, le *Proteus* cingla plein nord, bannière étoilée au vent, cœurs gonflés d'espoir de victoire et de réussite. Le plan était de construire un baraquement assez vaste à l'extrémité septentrionale des terres émergées de l'Arctique (on ignorait à l'époque si le pôle Nord était terrestre ou maritime), sur la côte nord-est de la terre d'Ellesmere, dans la baie Lady Franklin, face à un océan le plus souvent figé sous sa croûte de glace, d'y mener les observations météorologiques et géographiques programmées, et de s'en servir de base pour lancer des raids d'exploration vers le pôle et dans les îles avoisinantes. Il était prévu que la troupe passe sur place l'hiver et le printemps, une expédition devait venir les chercher l'été suivant, en 1882.

Mais elle ne vint pas. Et pas plus en 1883.

Au début, tout s'était bien passé : le *Proteus* avait fendu la mer de Baffin sans difficulté pour déposer ses passagers et le matériel dans un endroit propice et repartir. L'expédition avait démarré en fanfare : un bâtiment confortable avait été construit avec les matériaux amenés, baptisé « Fort Conger », tous les programmes d'observation avaient été remplis et au-delà, et si le pôle Nord se révélait hors de portée du raisonnable, un des lieutenants de Greely avec deux hommes atteignit 83° 24' au printemps, donnant ainsi le record de latitude aux Américains. La fière troupe faisait honneur à la discipline militaire, on levait les couleurs en chantant *The Star-Spangled Banner*. Mais quand, à la fin de l'été 1882, les yeux fatigués de lorgner l'horizon de la banquise qui ne se dégageait pas, on comprit qu'il faudrait passer un hiver de plus dans la nuit glaciale et l'ennui mortel, confinés dans ce dortoir, le moral en prit un coup. Il faut dire que le comportement du patron n'arrangeait rien. Le lieutenant Greely, dont l'obsession procédurière exaspérait les hommes, avait à cœur de respecter l'intégrité du règlement : il maintint la routine militaire, avec tous ses formalismes sensiblement déplacés dans ce contexte. Dans la morne noirceur de l'hiver, l'ambiance n'était pas au beau fixe à Fort Conger, même les officiers ne s'entendaient pas. Entre deux prises de bec et éclats de jalousie pour le partage des vivres, on passa le temps à pousser avec un enthousiasme mesuré quelques expéditions dans les environs, tentatives de chasse et de pêche, mais les rations désormais calculées, le chauffage réduit, la mauvaise humeur se transforma en aigreur. Aussi, c'est avec une impatience fébrile que les regards guettèrent l'horizon quand l'été arctique réapparut. La déception devant la mer vide fut à la hauteur des appréhensions pour l'avenir. Car si on avait vaguement anticipé la contrainte d'un deuxième hivernage, aucune réserve n'était prévue pour un troisième. Aussi, le lieutenant décida de repartir par ses propres moyens : une chaloupe à vapeur qui tirerait les deux canots qu'il possédait. Si la banquise bloquait les embarcations, on les ferait glisser sur la glace.

Comme le docteur n'était pas d'accord, Greely l'informa qu'il le démettait de ses fonctions. Il restait avec eux et toujours médecin, mais officiellement ne faisait plus partie de l'expédition. Il n'était pas le seul, car précédemment un autre officier en désaccord avait présenté sa démission, ce qu'autorisait le sacro-saint règlement, et était lui aussi devenu un membre fantôme.

La progression vers le sud fut une épreuve apocalyptique : la banquise ne leur laissa pas la moindre chance, et quand l'hiver rendit impossible tout mouvement, ils n'avaient pas parcouru 300 kilomètres sur les 1 000 qu'ils auraient dû franchir pour espérer trouver du secours. Ils ne purent dépasser le cap Sabine, et se fixèrent dans un lieu baptisé « Camp Clay ».

On creusa un vague abri dans les cailloux gelés, on brûla les canots pour se chauffer. Définitivement bloquée, ses rations de plus en plus restreintes, la troupe assista au spectacle de sa propre décomposition, sous les coups de la famine et du scorbut. L'effectif qui avait jusque-là été remarquablement préservé compta ses premiers morts. La faiblesse, le froid et l'obscurité rendirent impossible toute tentative de chasse. On mangea les peaux de phoque des vêtements, le cuir des uniformes. Même la haine ambiante avait cédé le pas devant l'épuisement. Nullement rebuté par l'incongruité des circonstances, le lieutenant consacra ses dernières réserves d'énergie à monter une cour martiale pour juger un soldat pris en flagrant délit de vol d'un émincé de ceinture cuite al dente. Le gourmet fut condamné à mort et exécuté dans les formes réglementaires, même si le peloton avait du mal à tenir debout. Le lieutenant voulut ajuster sa jugulaire, mais il l'avait déjà mangée. Bientôt, il ne resta plus à ingurgiter qu'une espèce de lichen noirâtre qui moussait sur les roches apparentes, étonné lui-même qu'on eût l'idée de l'ingérer. Et puis… on se rabattit sans trop s'en vanter sur la dernière denrée consommable dans l'environnement : les copains plus faibles qui n'avaient pas tenu le coup. Le cimetière devint de plus en plus fréquenté. Mais n'ayant pas prévu les circonstances, le règlement restait muet sur ce point.

Quand cet hiver d'épouvante laissa place au printemps arctique, il ne subsistait plus qu'une poignée de survivants, spectres mourants, dont une partie avait les membres gelés, le docteur Pavy était mort, le lieutenant avait perdu son second ainsi que ses meilleurs hommes. De toute évidence, il ne restait plus aux derniers malheureux que quelques jours à vivre. C'est alors que le patron entendit un sifflet à vapeur. Nous étions le 22 juin 1884.

Les navires qui devaient venir chercher les soldats avaient été bloqués par les glaces en 1882, puis en 1883, et n'avaient pas poussé plus loin les tentatives. Mais sous l'indignation grandissante et la pression de l'opinion publique, les autorités américaines avaient mis le paquet et envoyé plusieurs navires de secours. L'un d'eux retrouva les débris de l'expédition : sur ses vingt-cinq membres, seuls sept vivaient encore et un mourra dans le bateau du retour. Les sept épaves agonisantes n'avaient plus figure humaine, l'un d'eux n'avait plus que des moignons au bout des bras, auxquels on avait attaché des fourchettes pour lui permettre encore de manger. De manger quoi ?

L'annonce du record battu en latitude et détenu maintenant par les États-Unis ne compensa pas la gêne incrédule qui s'installa lorsqu'on exhuma les victimes pour rapatrier leurs corps. Ils ressemblaient à des poulets désossés, il manquait à certains des membres entiers. Quand l'ampleur de cette anthropophagie fut accompagnée des récits hallucinants des survivants, un voile opaque tomba pour longtemps sur l'expédition Greely, on la poussa discrètement sous le tapis quand vint le temps de chanter les héros de l'épopée polaire.

Même de nos jours, nombre de recueils historiques la passent sous un oubli pudique. Jusque dans l'épreuve, les vrais héros de l'aventure se doivent d'être présentables.

L'expédition de Scott à la conquête du pôle Sud détient sans doute la palme du ratage pathétique. Le pôle Sud, les ami(e)s, c'est vraiment l'endroit le plus pourri de la planète, toutes catégories confondues. C'est au pôle Sud qu'on trouve deux records climatiques enviables : les températures les plus basses du monde et les vents les plus violents du monde (on les appelle « catabatiques »). Et même si en 1912, l'équipement avait fait des progrès par rapport au siècle précédent, il était loin de celui de nos modernes aventuriers. Quand l'Anglais Robert Scott partit pour conquérir le pôle Sud en décembre 1911, il avait bien sûr entendu parler d'un Norvégien qui voulait tenter le coup par l'autre côté du continent antarctique, mais il ne lui donnait pas beaucoup de chances : lui, Scott, avait un matos d'enfer, deux tracteurs à essence, des chevaux, des tonnes de vivres et d'équipement, une troupe pléthorique. Et l'autre Viking entendait faire ça comme les Eskimos, avec juste quelques copains et des traîneaux tirés par des clébards, le bouffon.

Scott a les moyens mais se trouve tragiquement dépourvu d'une denrée indispensable dans ces régions : la chance. Du début à la fin, il fut poursuivi par une scoumoune effarante. Certes, on pouvait s'en douter, par – 50 °C, ses tracteurs tombent en panne au bout de cinq minutes, et les poneys, sur lesquels il comptait pour porter ses vivres mais totalement inadaptés à ces climats, ne leur survivent pas longtemps.

Privé de ravitaillement, le gros de l'équipe fait demi-tour et Scott se retrouve avec quatre pèlerins à avancer vers le pôle, chacun tirant lui-même son traîneau. Et quand ils atteignent enfin le but ultime, ce pôle mirifique et clignotant, à 90° de latitude sud et à toutes les longitudes, quand la victoire les récompense enfin après deux mois d'efforts surhumains dans des conditions d'épouvante, ladite victoire se racornit sur elle-même et se dégonfle : au point précis du pôle, il y a un petit papier, déposé par le Norvégien Roald Amundsen, qui est arrivé là un mois avant eux. « C'est møi le premier, nånånèreu ! » Ce bâtard de Scandinave torché à la bière-aquavit avec ses clebs à la con, qu'a rien fait que tout piquer leur technique aux Eskimos que c'est de la triche ! La lutte pour le pôle avait commencé pour Scott depuis douze ans et c'est à un mois près qu'il se le fait rafler. C'est pas bon pour le moral, des coups comme ça, et de moral, les conquérants en second vont en avoir besoin pour rentrer, parce que le chemin du retour, c'est la même épouvante dans l'autre sens. En pire. Car voilà qu'un acharnement sadique de la météo leur envoie ouragan après ouragan. Plus ils avancent lentement, plus ils doivent se rationner, plus ils se rationnent plus ils s'affaiblissent, plus ils s'affaiblissent plus ils ralentissent. Et là-dessus, un blizzard insurmontable les cloue sur la glace. Ils meurent les uns après les autres, Scott écrit une dernière lettre dans sa tente et attend la mort. Ils avaient parcouru à pied 2 000 kilomètres et c'est à 18 kilomètres du dépôt de vivres salvateur qu'on a retrouvé leurs cadavres. Mais pour une fois, la postérité a mis un peu de justice dans l'affaire :

l'échec du vaincu fut ressenti de manière si poignante par le public qu'il est resté aussi célèbre que l'exploit du vainqueur.

***

LA CACHOTTERIE D'AMUNDSEN

Amundsen n'était pas parti pour le pôle Sud mais pour le pôle Nord. C'est du moins ce qu'il affirmait aux journalistes et aux autorités de son pays qui finançaient en partie l'expédition. On lui avait confié le bateau norvégien le plus performant en matière de navigation polaire, le légendaire *Fram*, qui avait déjà servi avec succès ses compatriotes Nansen et Sverdrup. Mais Amundsen savait très bien que s'il s'ouvrait de ses véritables intentions dans sa patrie, il déclencherait un tir de barrage sur l'air de « C'est trop risqué et trop prématuré ». En dépit de ses états de service, il semble bien que le seul de ses compatriotes à lui faire confiance à 100 %, c'était lui-même (et son frère, aussi dans la confidence). Alors, la Norvège fêta son départ pour le pôle Nord et bizarrement, nul à bord du *Fram* ne sembla trouver étrange que pour atteindre l'Arctique, le bateau mette le cap vers le sud. Arrivé à Madère, Amundsen réunit son équipage et leur dit en substance ceci : « Bon, on va pas vraiment en Arctique, mais si vous rajoutez "ant" devant, à trois lettres près, c'est la même chose : on va se les geler pareil mais on va se taper le pôle Sud et se goinfrer le gros lot. » L'histoire ne dit pas si quelqu'un souleva la moindre objection à ce changement d'objectif à 180°, toujours est-il que nul n'eut à se plaindre : le capitaine emmena ses hommes à la victoire et il rentra en héros, de l'Antarctique et de l'embrouille.

Donc en 1912, le Norvégien Roald Amundsen avait le premier atteint le pôle Sud. La conquête du pôle Nord, elle, avait été beaucoup moins claire : deux Américains s'y étaient frottés, Cook en 1908, Peary en 1909, tous deux prétendaient y être parvenus et chacun accusait l'autre d'imposture (de nos jours, le consensus des historiens s'est plutôt fait sur une troisième vérité : ni l'un ni l'autre). Et re-donc, Amundsen, insatiable piétineur des banquises et champion toutes catégories des crapahutages polaires, louchait vers le nord. Même si les Ricains étaient peut-être passés avant lui, lui qui voulait être le premier partout, s'il atteignait le pôle Nord, il serait le premier homme à avoir touché les deux pôles, et il se doutait qu'il n'aurait pas beaucoup de concurrents sur ce titre. Et pour être vraiment sûr d'être premier, il décida d'inaugurer pour cet objectif un moyen de transport hurlant de modernité, un nouveau truc que l'industrie et le public plébiscitaient : le dirigeable. Justement, le Norvégien venait d'être contacté par un sponsor américain, décidé à financer cette nouvelle aventure qui ne pouvait pas se trouver plus dans l'air du temps.

L'essor des dirigeables dans l'histoire de l'aviation fut un feu de paille qui dura de 1900 à 1937. On y crut très fort, on construisit des dirigeables de plus en plus gros, qui transportaient de plus en plus de passagers, sur des lignes qui sillonnaient le monde, on pensa un moment qu'ils allaient surpasser l'avion, mais l'énormité de ces mastodontes et leur vulnérabilité devant les éléments entraînèrent tant d'accidents que le plus spectaculaire d'entre eux, l'explosion du zeppelin *Hindenburg* près de New York en 1937, marqua de manière définitive le point final de ce moyen de transport.

En 1926, les dirigeables étaient en pleine apothéose, et la lutte était féroce entre les partisans des plus lourds que l'air et que mon beau-frère, et ceux des plus légers que l'air et que la main de ma sœur. En Italie, le plus farouche défenseur de ces derniers s'appelait Umberto Nobile, prononcer « nobilé ». Ingénieur et constructeur, directeur des constructions aéronautiques militaires, et très apprécié des autorités fascistes pour ses capacités, c'est à lui qu'Amundsen, déjà très féru d'aéronautique car par ailleurs pilote d'avion (il faisait tout, celui-là), commanda le modèle de dirigeable qui convenait à son expédition polaire, et que l'Américain lui payait. Mais Amundsen ne connaissait pas encore le maniement des dirigeables, et il fut convenu que ce serait Nobile, son constructeur, qui piloterait l'engin dans l'expédition que dirigerait l'explorateur. En mai 1926, le gros suppositoire de 115 mètres de long baptisé *Norge* – « Norvège » en norvégien – partit donc de Milan vers les confins nordiques, et après une étape au Spitzberg, fila vers le pôle Nord, qu'il survola pour le grand triomphe d'Amundsen, qui engrangeait un nouveau record. Une fois de plus, le monde entier salua son exploit dans toutes les langues, sauf un pays qui faisait la gueule : l'Italie. Dans l'Italie fasciste, on ne rigolait pas avec l'orgueil national. Mussolini fulminait : comment ? On avait pour la première fois survolé le pôle Nord avec un appareil de conception italienne, construit en Italie, et piloté par un officier italien, et la gloire de ce génie italique revenait à un aventurier norvégien et son sponsor américain ? L'ingénieur abondait dans le sens du Duce : Amundsen n'avait fait que se laisser transporter, le mérite de la victoire revenait à lui, Nobile, constructeur et pilote, d'autant plus que les deux hommes s'étaient très mal entendus pendant le voyage et leur hostilité réciproque ne faisait mystère pour personne. Voire amusait les journalistes : le froid et taciturne Scandinave blond aux yeux délavés face au volubile Latin noiraud à la gestuelle agitée. Pour Rome, les louanges du monde étaient une forfaiture, il convenait de rectifier ça au plus vite : plus qu'une question de fierté nationale, c'était une question de justice.

Le régime décida donc de financer une deuxième expédition 100 % italienne avec un commandement italien et un équipage italien[1], qui surpasserait le succès de la première, et dont Nobile, promu général pour l'occasion, prit la tête avec un enthousiasme vengeur. Le nouveau dirigeable, du même modèle que le précédent mais baptisé *Italia* – « Italie » en italien –, parvint au Spitzberg au printemps 1928 et décolla pour le pôle Nord en mai, dans une débauche tricolore vert-blanc-rouge. L'objectif n'était pas seulement de survoler le pôle, mais d'y passer des vacances : il était question d'atterrir, et de s'y installer plusieurs jours pour mener des observations scientifiques, histoire d'expérimenter la dolce vita par – 30 °C. Un vieux navire de guerre

1. Sur les dix-huit hommes embarqués, seuls deux n'étaient pas italiens : un météorologue norvégien et un physicien tchèque.

italien, le *Città di Milano*, était chargé d'apporter la logistique et un appui éventuel à partir du Spitzberg.

On fit comme on avait dit. Le 24 mai, l'*Italia* survola effectivement le pôle Nord, y jeta le drapeau italien, le drapeau de Milan, une médaille de la Vierge du feu, et le crucifix en chêne qu'avait confié le pape. La victoire fut annoncée par radio et fêtée comme il se doit dans la péninsule. Nobile concentra sur lui l'éloge de toute une nation, la fierté des *bambini* et des Chemises noires réunis. Mais sur l'axe de la Terre, le comité d'accueil du pôle Nord lui envoya son cadeau de bienvenue : une mégatempête, blizzard et neige, qui interdit tout atterrissage. Sans attendre, le capitaine ordonna le retour et c'est là que les choses se gâtèrent. Les rafales redoublèrent, la tempête s'accrut, s'opposant à la route du monstre et la glace commença à s'accumuler sur l'enveloppe. Essoré par le vent, le dirigeable frappa la banquise, la nacelle se déchiqueta, projetant onze hommes sur le pack tandis que sept autres restaient accrochés à l'intérieur de l'enveloppe. Allégé, l'engin à moitié démoli reprit de l'altitude, et les équipiers restés à bord eurent la présence d'esprit de balancer les paquets et le matériel qui leur tombaient sous la main. Mais le vent poussa de plus belle l'aéronef désemparé, l'énorme silhouette s'éloigna dans le brouillard et disparut pour toujours avec ses occupants. On ne retrouva jamais la moindre trace ni de l'un ni des autres.

Sur la glace, la situation n'était pas rock'n'roll. Un des aéronautes était mort dans la chute, d'autres étaient blessés, Nobile s'était cassé un bras et une jambe. La bonne nouvelle, c'est que dans les paquets largués, se trouvaient des vivres pour tenir un bout de temps, une petite tente où on pouvait s'entasser, et surtout une radio en état de marche, avec sa batterie. Mais sans vêtements adaptés et sans équipement, c'était un sursis. À peine relevés, les naufragés émirent des appels au secours que personne ne reçut, et pour cause, le bateau italien ne tenait pas de veille radio. À ce point, l'histoire se tord comme l'enveloppe de l'*Italia* : jusque-là, on était seulement dans l'échec, maintenant commence le fiasco poisseux, quand la succession des jours sans nouvelles augura une catastrophe, laquelle fut bientôt confirmée par la réception d'un signal de détresse chez un radio amateur. Débute alors la foire d'empoigne sordide, le festival de cafouillage, de mesquinerie et d'impéritie que fut l'organisation des secours.

Pour des tas d'excellentes raisons, le *Città di Milano* refusa de bouger de son quai du Spitzberg. Entre hésitations et tergiversations, le gouvernement italien trouva urgent de ne rien faire, mais refusa néanmoins l'aide de la Norvège par fierté. C'est l'influence de la presse qui inversa le courant. Devant le jugement de l'opinion publique, les gouvernements se bousculèrent pour être les premiers sur les rangs, la Norvège passa outre le non italien, et Danois, Finlandais, Suédois crièrent « présent ! » en ordre dispersé. L'Italie se décida enfin à bouger et le 3 juin, un hydravion italien parvint à repérer les survivants et à leur balancer des vivres, l'état de la banquise rendant son amerrissage impossible.

Devant l'urgence, l'ennemi personnel de Nobile, Amundsen, montra le surhomme qu'il était, pas seulement physiquement, mais moralement. Il décida de prendre la tête d'une mission de secours et ce fut la France qui mit à sa disposition un appareil et son équipage. Le 18 juin, le champion du monde des premières polaires décolla à bord d'un hydravion français. Et disparut avec les cinq membres de l'équipage, dans des circonstances qui resteront à jamais inconnues. De l'appareil, on ne retrouva qu'un patin.

Au milieu de toutes ces autorités qui tournaient en rond en agitant du vent, c'est une initiative privée qui obtint un résultat concret : le 23 juin, soit trente-deux jours après le crash, un pilote suédois nommé Lundborg parvint à poser son petit avion à côté des survivants. Et là survient la scène fatidique qui laissa sa trace : presque un siècle de polémiques et de controverses n'a pas réussi à éclaircir complètement l'affaire. Il n'y a qu'une place de libre pour évacuer un naufragé dans le petit avion, et celui qui la prend, c'est Nobile. Toutes les raisons – dont certaines sont solides – données postérieurement par lui-même, par les uns ou les autres, ne suffiront pas à effacer ce fait : le capitaine évacue en premier. Quels que soient ses arguments, il est difficile de ne pas y voir, avec nos yeux du XXIe siècle, le lointain prédécesseur d'un autre Italien calamiteux, le commandant Schettino, l'invraisemblable bellâtre qui s'échappe du paquebot *Concordia* en train de couler, laissant derrière lui les quatre mille passagers qu'il a lui-même envoyés à la catastrophe[1].

Le pilote suédois comptait revenir autant de fois qu'il le fallait pour évacuer les autres survivants, mais

1. Fi de l'anti-italianisme primaire : lors du naufrage de l'*Andrea Doria* en 1956, il fallut presque utiliser la force pour contraindre le capitaine de quitter son navire qui sombrait.

il se plante à la deuxième rotation. L'avion capote, il en réchappe, et les sinistrés se retrouvent avec un naufragé de plus. Finalement, c'est un pays alors au ban des nations, l'Union soviétique, avec ses énormes brise-glace, qui déploya la plus grande efficacité. Le 12 juillet, le brise-glace russe *Krassine* parvint jusqu'au campement des rescapés et les évacua, en piteux état mais tous vivants, sauf un.

Aussitôt connues les circonstances du sauvetage, Nobile fut autant conspué en Italie qu'il avait été louangé, autant traîné dans la boue qu'on l'avait porté aux nues. Le régime fasciste ne voulut rien entendre de ses justifications, on peut supposer que la stigmatisation du lâche déserteur permettait au gouvernement de faire oublier à bon compte ses propres errements. Assigné à résidence, dégradé, l'ingénieur finit par s'expatrier. De retour dans son pays après la Seconde Guerre mondiale, Umberto Nobile eut le loisir de s'expliquer. Fut-il convaincant, ou sa mésaventure fut-elle mise sur le dos de la gabegie fasciste désormais au pilori de l'histoire ? Toujours est-il qu'il fut réhabilité, réintégré dans son grade et connut même une très brève carrière politique avant de se faire oublier et de mourir dans son lit en 1972. Le fantôme d'Amundsen attend toujours qu'on lui dise merci.

Même s'il fait de plus en plus chaud aux pôles, il reste néanmoins assez de glaces, de hummocks, de floes et de blizzards pour aller chatouiller la mort sous le menton. Exactement comme pour l'alpinisme, il n'y a plus rien à conquérir, alors on complique : le pôle à pied, en solitaire, sans assistance, dans la nuit hivernale… Et puis : les yeux bandés, en marchant à reculons, déguisé en poulet, si vous manquez d'idées, demandez-moi. Et donc, le pôle en solitaire sans assistance, c'est le challenge tendance. Il semble que ça motive surtout les militaires de carrière britanniques, peut-être à cause de gènes de leurs grands ancêtres, premiers Européens dans ces étendues glacées, toujours est-il qu'ils sont nombreux à se présenter au guichet. Le plus médaillé d'entre eux a raté son coup.

Henry Worsley voulait terminer le boulot que son prestigieux compatriote des temps héroïques, Ernest Shackleton, avait interrompu avant la fin : la traversée du continent antarctique. Mais ce qui, à l'époque de Shackleton, présentait encore un certain intérêt scientifique – nul n'avait encore pénétré à l'intérieur de l'inlandsis – ne relève plus de nos jours que de l'exploit sportif, j'ose pas écrire maso. Si, j'ose. Donc, une promenade de 1 600 kilomètres, par des températures oscillant entre – 20 et – 50 °C, avec des montagnes, des cols, des vallées et des plaines, le tout couvert de neige, de glace ou de crevasses, et ce, sans avoir le droit d'être aidé par d'éventuelles présences humaines, même pour une tasse de café. Si Worsley, colonel à la retraite de 55 ans, viril guerrier dompteur de la nature, ancien du Kosovo, d'Irak et d'Afghanistan, n'avait même pas pris la cuirasse de médailles qui lui blinde la poitrine sur certaines photos – là-bas, ça n'aurait impressionné personne, mais c'est dommage, ça doit isoler du froid –, il s'est muni néanmoins d'un Union Jack tout neuf à déployer aux grandes occasions (départ, pôle Sud, arrivée), comme si ce drapeau n'avait pas assez flotté sur toute la planète, opportun ou pas, et qu'il y flotte encore, dans certaines îles qui fâchent, pas très loin de l'Antarctique, suivez mon regard vers les Malouines, ce n'est pas un hasard si c'est du Chili que l'officier de Sa Majesté a lancé son expédition plutôt que de l'Argentine, ouf, cette phrase était plus dure à traverser qu'un continent glacé. En novembre 2016 – au Sud, c'est l'été –, voilà donc mon colon parti avec ses skis et son traîneau, le tout évidemment issu des technologies les plus sophistiquées dont il doit faire la pub au passage, qu'au moins ces déambulations servent à quelque chose. Après deux mois de calvaire dans la neige glacée, Worsley n'a pas été loin d'atteindre son but. Mais au soixante et onzième jour de marche, à 48 kilomètres du poteau, un ennemi invisible, qui se trouve normalement neutralisé par le froid, lui tombe dessus : une bactérie pathogène. Dans un état d'hypothermie et d'épuisement extrême, il jette l'éponge. Sans assistance ne veut pas dire sans radio, il appelle au secours, et un hélicoptère chilien le ramène à Punta Arenas, où il décède à l'hôpital. On lui a trouvé une péritonite, que sa condition physique très éprouvée n'a pas arrangée.

Le monde des sportifs, des militaires et des masos pleure le héros, mais l'un d'eux pleure plus que les autres. Il s'appelle Louis Rudd, britannique aussi, militaire aussi, capitaine de 49 ans. C'était l'élève et le disciple du colonel, lequel lui avait transmis son expérience acquise lors de ses précédentes virées polaires. Son pupille décide aussitôt de lui rendre hommage en l'imitant. D'abord Rudd débarque en Antarctique pour achever symboliquement les 48 kilomètres que n'avait pas parcourus son maître et professeur, et déclare au monde son intention de recommencer la même expédition en 2018 : traversée à pied en solitaire sans assistance. Il prépare minutieusement l'affaire, prévoit un stock d'antibiotiques, mitonne son itinéraire, rassemble financements, sponsors, cause humanitaire de rigueur, etc., et annonce publiquement la date de son départ. Et qu'apprend-il de la bouche même des journalistes ricanants ? Un autre pingouin s'apprête à accomplir le même exploit que lui ! En même temps que lui ! Un Américain, en plus, même pas militaire ! Un certain O'Brady, jeunot de 33 ans, champion d'un sport de pédés, le triathlon, traître fourbe de coyote de civil yankee puant opportuniste qui proclame son intention de relever le même défi et d'arriver le premier ! Le capitaine Rudd est effondré. Sa promenade de santé en tant que sauveteur de l'honneur britannique se transforme en course infernale ! Il s'agit d'un plagiat manifeste, mais comme les balades en Antarctique ne sont pas soumises au droit d'auteur, personne ne peut l'empêcher, et au printemps austral 2018, les deux rivaux se croisent à Punta Arenas au Chili, y a pas tant d'autres endroits pour sauter dans l'ice-shelf, surtout quand on est anglais. Pressé par les sponsors, Rudd accepte de rencontrer O'Brady, remet à plus tard le projet de lui crever les yeux et de lui arracher l'oreille avec les dents, et les deux hommes conviennent d'un *gentlemen's agreement*. Ils feront la course en parallèle à quelque distance, et pour remplir le contrat, n'auront pas le droit de se porter mutuellement assistance.

Ils partent donc simultanément le 3 novembre 2018, dûment suivis par blogs, GPS, réseaux sociaux et chroniqueurs dédiés, car si une virée vers un quelconque pôle, avec toute variante imaginable, n'a vraiment plus grand-chose pour exciter l'audience, une compète aussi brûlante d'animosité peut éventuellement faire lever un sourcil au public vautré devant sa télé, bon calcul des sponsors qui ont poussé à la négociation.

Deux mois plus tard se réalise le pire cauchemar du capitaine, l'incroyable conclusion : c'est le cow-boy qui remporte l'affaire les doigts dans le nez (avec des moufles, c'est d'autant plus méritoire). Et rajoute même une louche de forfanterie en brûlant les dernières étapes pour boucler la traversée, dans une ultime ligne droite de trente-deux heures non-stop. O'Brady est arrivé le 27 décembre après cinquante-quatre jours de marche sans aucun incident, avec trois jours d'avance sur son rival. Le plagiaire triomphe, le copieur exulte, le crime paie, y a pas de morale. On imagine dans quel état d'accablement l'officier britannique a parcouru ses derniers kilomètres, avec le fantôme du colonel Worsley sur le râble, en train de l'agonir de reproches : *goddamn* de lopette de bleubite pas foutu de damer le pion à un bouffeur de chewing-gum !

Car les médias du monde se réveillent : l'espace de quelques heures, O'Brady devient le nouveau conquérant polaire, le voilà l'égal d'Amundsen (les journalistes qui osent cette comparaison auront au moins l'avantage de savoir maintenant qui est Amundsen). On rappelle son grave accident, dix ans plus tôt, qui était censé le handicaper à vie, on évoque sa prouesse d'avoir enchaîné l'escalade des sept sommets du monde en six mois. Bref, le surhomme est acclamé sur toute la planète et son challenger est à peine cité dans les comptes rendus. Mais, hormis pour l'amour-propre du British, c'est pas un problème : les deux sponsors du vainqueur et du vaincu étant des compagnies de tourisme polaire, la pub engendrée par l'affaire profite à tout le monde. Sauf aux manchots.

LES RATÉS DE LA MONTAGNE

En principe, l'alpinisme n'est pas une activité aventureuse. C'est au contraire sa discipline méthodique, basée sur l'expérience et le matériel, qui a permis à ses adeptes de « se dépasser », de conquérir tous les sommets de la Terre, de dire « Ô c'est beau ! », de faire une photo, d'y laisser des objets symboliques divers et variés, et d'en revenir vivants. Enfin, pas toujours. Mais en la matière, le risque n'attend pas la hauteur des sommets. Des échecs cuisants sont survenus à des hauteurs raisonnables, la seule différence, c'est que pour les hautes altitudes, l'erreur ne pardonne pas. Encore moins les surprises de la météo, et les prévisions de plus en plus fines ne semblent pas y avoir changé grand-chose. Il n'y a pas que les montagnes qui ont des hauts sommets, l'inconséquence aussi.

Norton presque au sommet (1924), Dave Hahn presque trop tard (1999)

Le ratage de la première tentative sérieuse de conquête de l'Everest par Norton et Somervell est une extravagante histoire à tiroirs. Elle commence le 4 juin 1924, quand les Anglais Edward Norton et Howard Somervell, tous deux alpinistes expérimentés, entament leur ascension vers le minaret du monde (pour changer de toit) en partant du camp d'altitude le plus élevé, le numéro 6, établi à 8 170 mètres. À cette époque, la conquête des hauts sommets, surtout dans son acception britannique, se faisait en gentlemen, veste en laine, chemise de flanelle, gabardine coupe-vent, guêtres en cashmere et chaussures en cuir dont on consentait à garnir les semelles de quelques clous. Et pour l'oxygène, uniquement de chez Harrods dans des bouteilles griffées, j'exagère à peine. Par contre, ils ne lésinaient pas sur les sherpas : ces porteurs himalayens qui, dans ces années-là, ne coûtaient pas cher, les suivaient par centaines pour porter les Thermos de thé et les fauteuils clubs qui rendent les camps de base civilisés. Commandée par un général, l'expédition du Club alpin de Sa Majesté était pléthorique. En plus des deux zozos désignés pour mener l'assaut final, elle comportait une brochette d'alpinistes entraînés, pour être sûr qu'au moins deux d'entre eux soient capables de remplacer les premiers en cas de défaillance.

À ces altitudes inhumaines, par des températures de froid extrême, sur des pentes inconnues, avec leur équipement précaire et sans oxygène, nul doute que les deux grimpeurs n'étaient pas des corn-flakes ramollis : ils savaient où ils allaient et ce qu'ils allaient y trouver. Ils avaient déjà chatouillé les vires du Chomolungma, nom tibétain de l'Everest, quand même plus joli que celui de l'arpenteur général des Indes. Aussi, quand le jour se lève ce matin du 4 juin, devant le temps qui leur est favorable, ils n'ont aucun doute sur leur succès : ils vont être les premiers humains de l'histoire à poser le pied sur le point culminant de la Terre, à 8 848 mètres.

Les premiers mètres sont faciles, ils montent sans l'aide de l'oxygène dont l'équipement est trop lourd, tout juste Somervell souffre-t-il d'une toux persistante qui le gêne. Vers 8 400 mètres, l'hypoxie, la fatigue et le froid commencent à les ralentir, Norton dévie de la voie préalablement envisagée, il a repéré un couloir de neige qui lui semble plus facile. En réalité, le passage se révèle dangereux, et là, ce n'est pas la météo qui leur joue des tours, mais les ennuis physiques qui les rattrapent au moment critique : la toux de Somervell s'aggrave, le forçant à s'arrêter constamment, et Norton souffre d'ophtalmie au point que sa vision est diminuée. Sans crampons, avec des cordes en coton qui cassent au premier éternuement, son compagnon mal en point, ses yeux qui le lâchent, voilà que d'un coup le héros est envahi par une vague de désarroi. Un sentiment bien humain dont il n'est pas coutumier se rappelle à lui : la peur. Ils sont arrivés à 8 573 mètres, aucun humain n'est jamais monté aussi haut, il ne reste que 275 mètres pour atteindre le sommet, pour ainsi dire rien, une escalade qu'on fait en famille quand on monte pique-niquer au belvédère du coin, ils ne vont tout de même pas s'arrêter là ? Mais l'affaire paraît d'un seul coup scabreuse, les difficultés insurmontables, Norton décide de faire demi-tour. La descente est laborieuse mais ils reviendront vivants. L'histoire aurait pu s'achever là, une expédition de plus qui se casse les dents sur l'Everest, mais les deux remplaçants prévus piaffent d'impatience. Le temps reste stable, la décision est prise de réitérer une tentative avec deux alpinistes tout frais, nommés George Mallory et Andrew Irvine, en utilisant l'oxygène cette fois. Et c'est là que commence une deuxième histoire.

Car les duettistes qui réattaquent la grimpette le lendemain, 6 juin, disparaissent corps et biens. Un de leurs collègues aperçoit leurs deux silhouettes sur l'arête sommitale vers midi, juste avant qu'elles soient cachées par un nuage : la tempête se lève et les recouvre de son linceul, comme écrirait Marc Levy. On ne les reverra jamais vivants. Et il se passera trente ans avant que des Homo sapiens reviennent batifoler dans ce coin pourri : en 1954, Tenzing et Hillary atteignent le sommet, et dans le même temps, la gloire mondiale. Pourtant, il reste une petite ombre à leur triomphe. Certes, en 1924, Mallory et Irvine sont morts, mais quand exactement ? Sont-ils morts à la montée ? Ou à la descente, ce qui laisserait entendre qu'ils ont pu vaincre le sommet avant de disparaître ? Auquel cas, les premiers ne seraient pas les premiers. La question tarauda le monde de l'alpinisme pendant les décennies suivantes. Et comme, sur la fin du siècle, les objectifs prestigieux pour les accros de la grimpette commençaient à se faire rares, une expédition fut montée en 1999 pour mettre fin à l'énigme, en recherchant les corps d'Irvine et de Mallory, afin d'y collecter les indices. Entre autres, retrouver l'appareil photo qu'ils avaient emmené, et qu'ils n'auraient pas manqué d'utiliser au sommet. Le fabricant affirmait que les photos pourraient être développées même après soixante-quinze ans sous la neige. Et ainsi commence une troisième histoire.

À l'été 1999, l'alpiniste américain Conrad Anker, professionnel des hauts sommets, dirige la *Mallory and Irvine Research Expedition*, dotée de tous les progrès techniques qui rendent maintenant les virées vers les hautes cimes aussi banales qu'une randonnée au mont Ventoux. Au terme d'une enquête qui n'a rien à envier au travail d'un juge d'instruction, Anker est parvenu à localiser avec un maximum de probabilités l'endroit où pourraient se trouver les corps dans l'hypothèse d'une chute. Arrivé sous le sommet himalayen, il trouve très vite une cuvette, sorte de réceptacle à alpinistes malchanceux, puisqu'on y découvre d'emblée deux cadavres désarticulés d'expéditions récentes, qui ont suivi le même toboggan. Dans les rochers, une tache blanche différente de la neige attire son œil : c'est un troisième corps et celui-là semble le bon, tout correspond, mais s'agit-il d'Irvine ou de Mallory ?

Très vite, l'examen du cadavre donne la réponse : c'est Mallory. Soixante-quinze ans après sa mort, l'état du corps est extraordinaire. Il gît à 8 100 mètres face contre terre, la tache blanche était celle de son dos, nu sous le vent et la neige. La rareté de l'oxygène et la température à cette altitude protègent les organismes de la décomposition, mais pas de l'érosion. Par une conjonction de phénomènes divers, les vêtements, ailleurs intacts, avaient disparu sur le dos, mais la dégradation des couches de tissus s'était arrêtée à l'épiderme, comme si la peau humaine avait seule réussi à résister aux agressions du climat himalayen. On soumit la zone à un examen méticuleux, on collecta tous les objets susceptibles d'être rapportés, mais parmi eux, pas de trace de l'appareil photo. Et l'expédition ne localisa pas le corps de son compagnon. On élucida les circonstances de leur chute, mais la question de savoir s'ils avaient atteint le sommet avant n'a pas été close.

L'expédition n'en reste pas moins un succès au retentissement mondial, et satisfait les sponsors au-delà de leurs espérances. Même si, du côté de la famille Mallory, on tique un peu sur le tripatouillage profanateur des restes de leur ancêtre. Donc, le découvreur américain n'aurait pas vraiment sa place dans ces pages si un petit détail sans rapport avec l'affaire ne rappelait la fragilité humaine. Avant que l'expédition regagne ses pénates, il avait été convenu qu'elle continue jusqu'au sommet, Conrad Anker voulant vérifier in vivo si les deux fantômes avaient vraiment pu franchir, juste avant le sommet, un ressaut difficile pratiquement à mains nues, sans matériel d'escalade. Il entreprit donc sa propre ascension. Ironie du destin, le triomphe du héros faillit tourner à la complète capilotade. Abandonné par son équipe trop éprouvée pour continuer, Anker atteignit difficilement le sommet avec un seul équipier, nommé Dave Hahn. Mais ce dernier donnait toutes les inquiétudes : souffrant de plus en plus du ventre dans l'ascension, il devint carrément malade à son terme. Arrivé au sommet, il fut pris d'une incoercible diarrhée. Il est aisé d'imaginer les soixante-trois couches de combinaisons en Kevlar hermétiquement closes que l'on doit ouvrir et dépiauter pour exposer ses miches au gel et au blizzard dans le délai impératif. Il y parvint. Mais la descente avec un compagnon malade et épuisé se révéla l'épreuve de tous les dangers. Anker réussit par radio à demander l'assistance de ses équipiers, et les deux montagnards s'en tirèrent de justesse.

En 1999, la conquête de l'Everest n'était plus un événement depuis longtemps, pourtant Dave Hahn décrocha un record auquel personne n'avait pensé : la première chiasse d'un humain sur le toit du monde[1].

---

1. La tentative d'Anker de franchir le passage le plus difficile avec ses seules mains ne fut pas convaincante. Ni réussite ni échec total, on ne pouvait en conclure l'impossibilité d'une escalade sans matériel. Mais en reprenant tous les paramètres dans une analyse serrée, l'Américain se déclara convaincu qu'Irvine et Mallory n'étaient pas arrivés au sommet.

Compagnoni et Lacedelli, un K2 empoisonné (1954)

Vainqueurs du K2 en 1954, les alpinistes italiens Achille Compagnoni et Lino Lacedelli furent traités en héros dans leur pays. C'étaient les premiers grimpeurs de la péninsule à conquérir un 8 000, et pas n'importe lequel : le deuxième sommet de la planète, le K2, qui tient ce nom bizarre du temps où on le croyait deuxième sommet du massif du Karakorum, alors qu'il est le deuxième sommet de la Terre, à 8 611 mètres. L'Everest avait été conquis seulement un an plus tôt, et l'Italie, avide de gloire sportive dans la fièvre de sa reconstruction, dûment pourvue de solides costauds dans la discipline, ressent le désir ardent de faire flotter son drapeau dans un endroit où on baisse la tête pour regarder passer les avions. Et pour donner plus de consistance à son rêve fou, l'Italie met le paquet : tous les champions nationaux, les sponsors, les militaires, un financement d'État. C'est une expédition pléthorique qui obtient le feu vert des autorités pakistanaises, une trentaine de membres, seize tonnes de matériel, cinq cents porteurs, le tas de cailloux n'a qu'à bien se tenir.

Parmi les montagnards de l'équipe, on embauche un petit jeunot tout frais débutant dans la spécialité, qui ne paye pas de mine, toujours discret jusqu'à s'en faire oublier, qui s'appelle Walter Bonatti. Personne ne le sait encore, mais vingt ans plus tard, le petit Bonatti sera une star mondiale de la montagne, considéré comme appartenant aux dix plus fameux alpinistes du monde. Pour le moment, il n'est qu'un apprenti mal dégrossi mais qui en veut, et qui doit son arrivée dans la cour des grands à son incroyable endurance physique très vite connue dans le milieu, on dit qu'il pouvait écouter sans broncher deux heures de Mylène Farmer. Mais arrivée sur place, l'équipe ignore encore que le K2 est incomparablement plus difficile que l'Everest, et en quelques jours, l'ampleur de la tâche apparaît plus considérable que prévu. Sans compter que l'ambiance se dégrade chez les surhommes : à la légendaire bordélication transalpine viennent se greffer des tensions relationnelles entre militaires et civils (le chef en chef est un gradé), la météo qui se détériore, les problèmes de santé, l'oxygène raréfié qui complique tout, et surtout des problèmes techniques, tout prend trois fois plus de temps que prévu. Et qui c'est qu'est toujours appelé pour les corvées, cirer les chaussures, boucher les crevasses, soutenir les collègues ? L'arpète. Inépuisable, toujours d'attaque, Bonatti est toujours sur le pont, on a bien fait de l'emmener, celui-là.

Mais au fur et à mesure que les conditions s'aggravent, les vieux pros, justement, sont de moins en moins vaillants, y en a même un qui meurt d'épuisement pour plomber un peu plus l'atmosphère. Cependant, les camps d'ascension se montent tant bien que mal les uns derrière les autres, le dernier avant le sommet porte le numéro 9. Il n'y a plus que deux champions suffisamment en forme pour l'atteindre, Lacedelli et Compagnoni, ils sont désignés pour mener l'assaut final. Le problème, c'est qu'ils ont besoin d'oxygène en bouteilles et que leurs collègues du camp 8 sont trop épuisés pour les grimper. Les porteurs pakistanais encore plus. Il ne reste plus que Bonatti. Ce dernier répond présent, secoue le porteur le moins mal en point, charge les bouteilles et entreprend l'ascension, sans tente ni ravitaillement pour porter le maximum de gaz. Dans un blizzard furieux, par moins beaucoup, lessivés, ils arrivent à l'endroit où il était convenu, entre les grimpeurs et l'équipe de soutien, d'établir le camp 9. Mais à cet endroit, il n'y a rien. Jugeant l'emplacement inapproprié pour y installer une tente, Lacedelli et Compagnoni sont montés plus haut. Mais plus haut de combien ? Et où ? Ils n'ont pas laissé de mot. Bonatti et son compagnon reprennent la grimpette en suivant les traces, puis les perdent, et la nuit tombe, et la nuit, au-dessus de 8 000 mètres, sans tente, c'est la mort assurée. Alors, ils gueulent, s'égosillent, en vain. Le noir envahit la pente, il est trop tard pour redescendre, ils sont coincés. Le porteur commence à devenir fou de terreur et Bonatti a la gorge nouée à force de hurler. Soudain, miracle, une lueur s'allume et ils entendent une voix, une centaine de mètres au-dessus d'eux. La voix leur demande s'ils ont les bouteilles d'oxygène.

— Oui, répondent-ils.

— Laissez-les et redescendez, crie la voix.

— On peut pas ! répond le naufragé.

Et puis plus rien. Bonatti a beau se démolir les cordes vocales, plus de lumière, seul le blizzard répond à ses bordées d'insultes et de menaces, *testa di cazzo, stronzi, pezzi di merda, vaffanculo, mortacci tuoi !*

L'exploit, le Rital à crampons l'accomplira bien malgré lui. Passer une nuit sans tente par des – 50 °C à 8 100 mètres d'altitude, et en sortir vivant, lui et son acolyte seront les seuls à pouvoir s'en vanter pendant bien longtemps. Bonatti creuse un trou dans la neige et passe des heures d'épouvante à empêcher son compagnon de se jeter dans la pente. Dès les premières lueurs du jour, les deux survivants, qui ressemblent maintenant à des Magnum à la fraise, amorcent la descente, ce sont deux fantômes qui parviendront au camp inférieur. Le porteur, les extrémités gelées, subira plusieurs amputations, Bonatti s'en tirera indemne.

Là-haut, les deux champions récupèrent les bouteilles bien livrées comme une pizza, conquièrent le K2 en sifflotant, et redescendent les mains dans les poches, désormais stars mondiales (j'exagère pour la littérature, ils en ont bavé aussi). Ah vous êtes là ? À la bonne heure, on se faisait un sang d'encre ! Bonatti se tait et serre les dents. Pendant trente ans. Tandis que les deux vainqueurs répètent à l'assistance ce qui sera désormais la version officielle de l'épisode : « On leur a demandé de redescendre. S'ils ne l'ont pas fait c'est leur problème. D'ailleurs, les bouteilles qu'ils ont montées étaient à moitié vides et ne nous ont pas servi. »

Pendant ces années, tout en devenant idole planétaire de l'alpinisme et dépassant de loin la notoriété de ses persécuteurs, Bonatti ruminera sur ce qui s'est passé une opinion fondée sur les plus noirs soupçons. En 1985, il l'ouvre enfin, et il balance : il affirme que c'est sciemment que Lacedelli et Compagnoni les ont abandonnés sans tente à plus de 8 000 mètres. Pourquoi ? Pour la furieuse avidité de la réussite : ils savaient que passer une nuit à quatre dans une tente de deux les priverait du repos nécessaire à l'attaque victorieuse, et surtout, ils craignaient que le jeune poulain increvable n'en profite pour grimper au sommet lui aussi, voire y arrive avant eux. Comme ils savaient aussi ce que signifie une nuit sans abri là-haut, c'est carrément d'homicide que Bonatti les accuse, sans toutefois prononcer le mot. Et il entend bien faire savoir au monde que les deux champions n'auraient jamais atteint le sommet si lui n'avait monté l'oxygène. De tout ça, les intéressés, soutenus par tout le milieu de l'alpinisme transalpin crispé sur l'exploit, s'en défendront sans jamais céder d'un millimètre, affirmant de plus en plus fort qu'ils n'ont pas utilisé les bouteilles au sommet, et ils parviendront longtemps à maintenir une chape de béton pour défendre la version officielle. Nul ne voulait voir l'exploit des deux héros nationaux terni, diminué, par les braillements d'un agité certes doué mais un peu trop casse-burnes pour les caciques du sport vert-blanc-rouge.

Et commence alors une autre épopée, judiciaire celle-là. Procès après procès, bouquin après bouquin (il en publiera trois sur le sujet), Bonatti mettra autant de pugnacité à faire valoir sa vérité qu'il en a mis à jouer à saute-mouton sur les points culminants du monde. Et sa nouvelle croisade, véritable enquête policière, se révélera aussi haletante que ses prouesses d'altitude. Jusqu'à l'obsession, il répétera son histoire aux journalistes. Harcelés par des questions de plus en plus pressantes, les deux accusés finissent par s'enfermer dans un silence compact. Coup de théâtre, en 1993, Bonatti trouve la preuve accablante de ses affirmations dans une des photos prises par les vainqueurs au sommet, et qu'ils s'étaient bien gardés de publier en Italie : sur l'une, Campagnoni porte le masque à oxygène, sur l'autre, on voit autour de la bouche de Lacedelli les traces du masque qu'il vient d'ôter pour la photo.

Ce n'est qu'en 2004, cinquante ans pile après les faits, que le Club alpin italien abandonne officiellement la version de Lacedelli et Compagnoni et accrédite celle de Bonatti. La vérité est enfin rétablie, mais quoi qu'on en dise, dans le livre de gloire d'une nation, toute cette histoire, ça fait désordre.

Henry et Vincendon, qui sauvera les sauveteurs ? (1956)

Monter très haut et se planter est une péripétie banale de l'alpinisme. L'échec est même partie intégrante de ce sport, et le renoncement un aléa normal quand il est le résultat d'un jugement rationnel. Mais la distance est souvent faible entre la bonne et la mauvaise décision, et le mauvais choix implique, là plus que dans d'autres activités sportives, l'accident et la mort. On n'en finirait pas de lister les faillites, mortelles ou pas, des tentatives d'ascension dans le monde entier.

Pourtant, le naufrage de François Henry et Jean Vincendon en 1956 reste une plaie ouverte dans le flanc de l'alpinisme français. En ce mois de décembre, deux jeunes cons écervelés, un aspirant-guide et un étudiant belge, décident de tenter en plein hiver l'ascension d'une voie difficile vers le mont Blanc, à une époque où les hivernales n'étaient pas à la mode. Explication de l'hivernale : depuis qu'on a conquis les plus grandes parois du monde, les vrais sportifs s'amusent à corser la difficulté. On cherche les itinéraires les plus ardus pour arriver au même point, et on y ajoute le raffinement de réaliser ces ascensions en plein hiver : d'où la vogue, à partir de la fin des années 1950 de refaire les grandes courses en montagne sous un temps garanti pourri. Même si dès le début de leur balade, les deux sportifs comprennent qu'ils n'ont pas tiré un bon numéro à la loterie météo, l'escalade dans des conditions merdiques fait partie du deal, et le temps qui se dégrade, le brouillard qui tombe avec la neige, ne les arrêtent pas.

Mais quand on cherche les emmerdements au-delà d'un certain seuil, les emmerdements arrivent, c'est bien connu. Une tempête énorme s'est levée et le brouillard est tel que les deux grimpeurs s'éloignent de la voie prévue et se perdent[1].

En bas, à Chamonix, au bout de trois jours sans nouvelles, leurs proches commencent à s'inquiéter, et à s'agiter. Les secours sont en vacances, les militaires ne sont pas concernés, les guides professionnels haussent les épaules, ça leur fera les pieds, à ces jeunes cons écervelés. Après deux jours supplémentaires d'attente et d'esquives diverses, les deux égarés sont tout de même repérés à la longue-vue. De ce qu'on peut en observer au maximum du grossissement, deux silhouettes noires sur la neige, ils sont vivants mais visiblement mal en point. Surprise inquiétante : ils se trouvent dans un endroit imprévu, connu des guides pour sa dangerosité, et quasiment impossible à atteindre à pied. La désorientation les a fait descendre dans cette impasse, ils ne peuvent pas progresser plus bas et leur épuisement leur interdit clairement de remonter.

Envoyer une cordée de secours dans cet endroit épouvantable prendrait trop de temps et compromettrait leur survie, on peut difficilement attendre le printemps pour profiter d'un climat opportun, on implore donc

1. Ricanement du destin, avant que les choses se gâtent, ils croisent Walter Bonatti avec lequel ils font un bout de chemin. L'Italien, qui tente une autre hivernale, sera pris dans la même tempête. Mais lui s'en tirera indemne.

les militaires d'utiliser un hélicoptère. Après moult tergiversations l'option est envisagée, mais l'hélico est une chose toute nouvelle pour l'armée française à cette époque. La guerre d'Algérie commence juste à en éprouver le besoin, les tout premiers modèles français sont à peine sortis d'usine, et ceux qui sont en service sont principalement des appareils américains. Corollaire, les pilotes sont peu nombreux et peu expérimentés, a fortiori en montagne, a fortiori en hiver. Après quatre jours d'atermoiements, c'est donc deux pilotes pas très sûrs d'eux qui tentent d'approcher de la paroi rocheuse un énorme machin américain, en l'occurrence un Sikorsky S.58.

Le plan est de stabiliser l'appareil en vol stationnaire sur la pente à côté des naufragés, afin qu'en sautent deux guides chargés de les récupérer et de vite les embarquer. Mais la neige poudreuse soulevée par les pales aveugle le pilote, le vent rend la stabilisation infernale, les hélices touchent la paroi, se fracassent, l'hélico bascule dans la neige. Par miracle, il n'explose pas, et les quatre occupants – deux alpinistes et deux pilotes – s'en tirent vivants. Pour le coup, ce ne sont plus deux sinistrés bloqués dans un endroit impossible à 4 000 mètres par – 30 °C qu'il faut secourir, mais six. Et vite, car les deux pilotes ne sont pas équipés pour la montagne. À partir de là, comme la presse et tout le pays commencent à s'intéresser à l'affaire, et que tout ce monde en détresse là-haut, c'est vraiment pas canon, on décide enfin de se remuer les miches.

Quelques heures après le crash, un deuxième Sikorsky dépose une autre équipe de secours à proximité de la zone, dans un endroit largement moins dangereux, et s'éloigne aussitôt pour ne pas risquer un deuxième crash. Deux sauveteurs rejoignent les six naufragés, donnent des vêtements aux pilotes, et tentent de soigner les deux jeunots. Ils découvrent avec accablement que ces derniers ont été rendus invalides par le gel. Ils ne peuvent plus bouger la partie inférieure de leur corps et s'ils sont encore parfaitement conscients, certaines de leurs fonctions vitales sont atteintes. Sans échanger un mot, les pros de la montagne savent que l'affaire est entendue, les deux jeunes cons écervelés sont foutus. Ils se contentent de les transporter à l'abri dans la carcasse de l'hélicoptère et de leur prodiguer quelques soins superficiels. Après de douloureuses hésitations, les guides se résignent à admettre qu'ils n'ont pas d'alternative : tout en jurant qu'ils vont revenir, ils décident d'abandonner là les deux invalides et d'évacuer les autres vers le refuge d'altitude le plus proche. Ils ne seront pas trop de quatre guides pour aider les deux aviateurs qui n'ont jamais posé le pied en montagne. Ils ne pourront pas partir du refuge dans l'immédiat à cause du temps qui ne s'est pas amélioré, mais à l'abri avec ravitaillement et chauffage, ils peuvent attendre.

Les jours qui suivent, le bataillon de journalistes qui se bousculent sur les terrasses de Chamonix au milieu des batteries de téléobjectifs va avoir du boulot : couvrir les péripéties des manœuvres pour sauver les sauveteurs bloqués par le mauvais temps dans le refuge, tenter d'arracher des interviews saignantes à tous les responsables de mauvaise humeur, chez les montagnards comme chez les autorités, qui se renvoient la balle et condamnent tout sauf leur propre inertie, et imaginer l'agonie des deux jeunes cons écervelés restés dans l'épave. Les naufragés du refuge seront récupérés quatre jours plus tard en bonne santé par le tout premier hélicoptère de conception française, l'*Alouette*, envoyé exprès sur les lieux, quel coup de pub. Et ce succès national de l'industrie tricolore permettra de rester discret sur les deux cadavres gelés qu'on ne récupérera qu'au printemps. Les gens des métiers de la montagne mettront longtemps à digérer ce lamentable fiasco. Ils seront plusieurs pendant quelque temps à condamner à voix basse ces entreprises hasardeuses, sur l'air de « On en a ras les crampons des jeunes cons écervelés qui prennent des risques idiots, entraînent dépenses et risques pour les autres ». N'ayant pas conscience qu'ils viennent par ces mots de décrire les pionniers de l'alpinisme.

Le plongeon de Marco Siffredi (2002)

Puisqu'il n'y a plus aucun sommet à conquérir sur terre sauf mon antenne télé, on refait les mêmes, mais en corsant l'affaire : l'Everest à cloche-pied, le K2 à vélo, le mont Blanc en talons aiguilles… On appelle ça les sports de l'extrême, et les gadins y sont extrêmes aussi. On regarde des jeunes cinglés accomplir des prouesses physiques inouïes, mais avec des accidents si fréquents que ça ressemble un peu aux arènes du cirque. De tous ces jeunes trompe-la-mort sacrifiés sur l'autel du speed, de l'ultrarisque, de l'addiction du public, s'il ne fallait prendre qu'un exemple, celui de Marco Siffredi les résume tous.

Virtuose incontestable des sports de glisse, sa spécialité était de descendre des hauts sommets en snowboard (plutôt que de monter les pornstars en levrette, comme son aîné presque homonyme à trois lettres près). Originaire de Chamonix, cette coqueluche des rencontres sportives à haut débit d'adrénaline, à peine âgé de 20 ans, avait déjà dévalé toutes les pentes des Alpes sur sa planche de surf, et s'était farci l'ascension de quelques sommets gratinés dans le monde rien que pour pouvoir les descendre sur sa planche à neige, plus vite qu'une avalanche. Car les ratages les plus stupides de ces dingues de la chute libre à skis ou snowboard, c'est de se faire avaler par l'avalanche qu'ils ont eux-mêmes déclenchée. Bref, signe de la mutation de l'alpinisme, la montée vers les sommets ne présente ici plus qu'un intérêt très relatif, c'est la façon d'en descendre qui compte. Bien sûr, un surdoué comme Siffredi a tout de suite tourné son regard vers le plus scintillant d'entre eux, l'Everest.

Son projet était d'en descendre en snowboard la face nord, celle qui se trouve en territoire tibétain, par la voie dite « couloir Norton ». De nos jours, y a tant de postulants que grimper là-haut paraît une formalité, le plus dur étant d'attendre son tour en prenant un ticket pour faire la queue au camp de base. En 2001, Siffredi y parvient sans anicroche, chausse sa planche et youpiii. Il surfe en quatre heures les 1 800 mètres de dénivelé que des prédécesseurs ont mis plusieurs jours à descendre, et arrive en bas, excité comme un gosse qui descend la première fois du toboggan des grands et dit « Encore encore ! ». Son record absolu lui a semblé trop jouissif, ou trop facile, il manifeste aussitôt l'envie de recommencer. Mais attention, pas par une glissade bonasse de troisième âge, non, par un itinéraire vraiment méchant cette fois, digne du jeune dieu blond invincible qu'il est. Il choisit une autre voie plus étroite, plus raide, plus accidentée, dite le « couloir Hornbein ».

Sans doute les revues et émissions spécialisées qui saluent son exploit ne suffisent pas à ratisser les sponsors, car c'est de sa poche que le jeune Mercure de 23 ans finance les 45 000 euros de sa deuxième ascension sur l'Everest. Un an après son premier exploit, le 8 septembre 2002, le champion, de retour au sommet de la Terre, équipé d'une corde de rappel pour franchir les passages verticaux, se jette une nouvelle fois dans le vide avec sa planche à repasser. Et puis plus rien. Aucun hélicoptère n'était là pour filmer la tentative (les vols d'hélicos en basses pressions sont difficiles, sinon tous les riches se feraient déposer là-haut), aucun caméraman ne le précédait sur un snowboard de tournage, personne ne sait ce qui est arrivé. À ce jour, on n'a pas retrouvé son corps. Il a certes raté son coup, mais sa jeunesse, sa beauté et sa vitesse laisseront longtemps les jeunes filles rêver à ce Rimbaud de la glisse.

***

EVEREST IN PEACE

Tous les ans, des gugusses laissent leur peau sur l'Everest. Improvisation, matériel défaillant, insuffisance physique, ou simple malchance… Dans les temps héroïques, le contexte extrême expliquait les tragédies, les premières décennies d'ascensions privées ont vu chaque année leur quota de morts, mais quand, avec l'affluence croissante, le camp de base surpeuplé devint une foire d'empoigne entre expéditions commerciales rivales, les victimes de la surenchère furent plus nombreuses que celles du sport. En 1996, deux agences américaines s'allièrent pour faire la nique aux nations concurrentes. Elles amenèrent leurs clients au sommet, effectivement, mais ne les redescendirent pas. Les marchands proposent, et la montagne dispose : huit morts, dont les propres guides des agences[1]. Tempêtes, avalanches ou tremblements de terre, la fatalité himalayenne ne tient pas compte des nécessités du commerce. Le record de 1996 fut battu en 2014 : seize morts. Puis en 2015 : dix-huit morts.

1. L'histoire est racontée assez fidèlement dans le film *Everest*.

LES RATÉS DE L'AVENTURE SCIENTIFIQUE

Bien sûr, toutes les sciences ont eu leurs martyrs, mais parmi ces sacrifices de savants et de chercheurs victimes de la bonne cause, il y a les cas particuliers de ceux pour qui la science est indissociable de l'aventure, sans qu'on sache jamais si l'attrait de l'une ou de l'autre est prédominant dans leur engagement. On peut néanmoins facilement supputer que l'appel des lointains horizons et des troublantes séductions de la nature résonne d'un écho autrement plus sémillant que la perspective d'austères et fastidieuses manips dans les sous-sols confinés des laboratoires.

LES TRIBULATIONS DE L'ABBÉ LE GENTIL (1761)

Ce n'est pas le goût de l'aventure qui poussa ce respectable homme d'Église, fils d'un gentilhomme normand, à s'embarquer vers l'autre bout du monde à une époque où la navigation ressemblait à un jeu de hasard frelaté. Ni l'attrait de l'argent ni la voix de Dieu, mais plus simplement une mission scientifique demandée par le roi Louis XV. Car pour des raisons énigmatiques, surtout en cette période où le rationalisme impie présentait encore quelques risques de finir au bûcher, l'étudiant en théologie s'était entiché de la science, particulièrement de l'astronomie, et avait délaissé ciboires et hosties pour l'ivresse des télescopes et des calculs planétaires. À force d'acharnement, l'abbé Guillaume Le Gentil de La Galaisière avait monté les échelons du savoir et était devenu un astronome de niveau supérieur au point d'être reçu par l'Académie des sciences, puis engagé par l'Observatoire de Paris.

Or, sur ces entrefaites, voilà que Sa Majesté demande à Son observatoire et à Ses savants d'être sur les rangs des grandes nations d'Europe pour observer le « transit de Vénus ». Contrairement à ce que pourraient penser d'aucuns vains plaisantins, le transit de Vénus ne concerne pas les fonctions intestinales de la déesse de l'amour, mais le nom donné au passage de la planète Vénus devant le Soleil, qui est un événement rare. Merveilles de la mécanique céleste : il arrive que la planète Vénus passe entre la Terre et le Soleil, et sa silhouette se découpe sur l'astre du jour, c'est formidable, et ça envoie plein d'observateurs trop curieux à l'hôpital, car on n'a pas toujours des lunettes de soudeur sous la main. Mais ladite mécanique céleste réserve à ce passage de Vénus une bonne blague : la planète passe donc devant le Soleil, plom plom plom, c'est très joli, on prend plein de mesures, on fait des dessins, il faut pas se tromper parce qu'ensuite, elle attend huit ans avant de repasser au même endroit. Mais alors, après, tenez-vous bien, pour le passage suivant, il faut attendre cent vingt ans[1] ! C'est dire si la double balade devant le gros projecteur constitue un événement astronomique précieux. Car en cette deuxième moitié du XVIIIe siècle, la science commence à disposer de moyens et de théories assez fiables pour en tirer avec une précision suffisante des conclusions astronomiques majeures : taille et distance des planètes, du Soleil, âge du capitaine, etc., toutes découvertes qui bénéficieront au progrès technique et maritime des nations qui sauront se les approprier.

C'est pourquoi le roi de France entend bien que Ses scientifiques soient à la hauteur de l'événement. Suivant Ses ordres, l'Observatoire de Paris fait les choses en grand. Pour profiter des zones où le passage sera le plus visible, on prévoit d'envoyer un astronome en Sibérie, un à la pointe sud de l'Afrique, un aux Mascareignes, au milieu de l'océan Indien[2], et un der-

---

1. Ou cent cinq. Le cycle exact étant cent vingt et un ans – huit ans – cent cinq ans – huit ans. Et ainsi de suite, tous les deux cent quarante-trois ans.

2. Celui-là, un autre abbé, l'abbé de Tréguier, y sera conduit par un certain Marion-Dufresne, voir chapitre correspondant, le

nier encore plus loin, sur la côte orientale de l'Inde, au comptoir de Pondichéry, alors possession française. C'est pour ce dernier poste que le jeune et zélé abbé Le Gentil obtient d'être désigné.

Le transit de Vénus est prévu pour le 6 juin 1761. Pour se rendre à Pondichéry, l'abbé doit contourner l'Afrique et traverser l'océan Indien, et tout le monde est conscient des impondérables d'un tel voyage au long cours en ces temps de marine à voile et de coques en bois. Méthodiques, les autorités de l'Observatoire s'y prennent alors bien en amont pour rassembler le matériel d'observation, les filtres solaires, les crèmes UV indice 50, les consignes, etc. L'abbé part du Havre avec plus d'un an d'avance, le 26 mars 1760. Première étape, l'isle de France, comme s'appelait alors l'île Maurice, avant qu'on invente le « neuf-trois » et le « neuf-cinq ».

La première partie du voyage se déroule sans incident, il débarque à Maurice le 10 juillet, et c'est là que l'affaire commence à se gâter. Car les nouvelles qu'il y trouve ne sont pas bonnes : la guerre de Sept ans, qui oppose la France et l'Angleterre, vient de repartir de plus belle, plus aucun bateau n'est à même de transporter l'abbé vers les côtes indiennes. Les mois passent, le calotin trépigne, l'avance se réduit, même s'il y a encore de la marge. Enfin, en mars, une frégate de la marine en route pour Pondichéry accepte de prendre l'astronome à bord. Mais les caprices météo de la mousson jouent avec le bateau et les nerfs de son passager, on perd des semaines à tourner en rond et ce n'est

---

monde est petit.

que le 24 mai qu'on atteint Mahé, sur la côte ouest de l'Inde. Si la date fatidique se rapproche, on reste quand même dans les temps. Le bateau repart, contourne la pointe de la péninsule indienne en direction du comptoir de la côte est, on touche presque au but, quand se produit la catastrophe : ces Anglais perfides choisissent pile ce moment pour attaquer Pondichéry. Il est hors de question de débarquer, il ne reste à la frégate qu'à faire demi-tour. Ce maudit 6 juin 1761 trouve l'astronome en pleine mer, et là-haut, un petit point noir passe devant le Soleil avec un ricanement sardonique. L'abbé a beau sortir ses instruments sur le pont, dans le balancement des vagues, une lunette astronomique est aussi performante qu'une toupie bancale, le curé ne peut que frapper le bastingage de rage avec ses petits poings, il a raté sa mission.

De retour à l'île Maurice, Le Gentil a une réaction d'orgueil bien humaine : c'est pas possible d'avoir fait tant de chemin, d'avoir navigué un an et demi, pour un résultat aussi foireux. Vénus lui donne une seconde chance dans huit ans : il décide d'attendre sur place. Il est célibataire, libre de son temps, et de toute façon, s'il devait faire un aller-retour pour réitérer sa mission, ça lui prendrait encore trois ans, avec le risque de se voir remplacer par un autre. Il écrit donc à ses chefs et à sa famille sa décision de rester dans les parages pour le passage de Vénus suivant, prévu pour le 3 juin 1769. Il occupera ces huit années par des études diverses sur la géographie et les mœurs régionales, épluchant entre autres l'astronomie indienne. Il aura tout le temps de fourbir ses instruments jusqu'à l'usure pour ne pas rater sa dernière chance. Et pour s'assurer encore de celle-ci, il décide de changer son lieu d'observation et d'installer son observatoire à Manille, aux Philippines. Mais la guerre de Sept ans continue à semer ses dégâts collatéraux : les Espagnols, pourtant alliés des Français, le soupçonnent d'être un espion, et il doit repartir. La paix étant revenue sur le comptoir français, Le Gentil s'installe à Pondichéry avec un an d'avance, en mars 1768. Ce coup-ci, même les tigres du Bengale ne pourront pas le déloger. Il se construit un observatoire et peaufine la disposition de ses instruments en regardant avec confiance le ciel clair et serein où brille un soleil imperturbable. Quand arrive le 3 juin 1769, l'abbé est fin prêt.

Mais pas le ciel.

Quand l'aube se lève, le curé constate avec une incrédulité atterrée le voile nuageux opaque qui masque les cieux en totalité. Exceptionnellement dans cette région toujours ensoleillée, la météo décide de se payer une petite perturbation au-dessus de Pondichéry ce jour-là précisément. Le temps bouché ne laissera pas une chance à l'abbé, il durera toute la journée et ne se lèvera qu'une demi-heure après le passage de la planète devant l'étoile. Pour la prochaine occasion, il faudra maintenant attendre plus d'un siècle.

— Tu vois ? retentit la voix du Très-Haut avec beaucoup d'à-propos, je t'avais dit de ne pas te mêler aux matheux mécréants et aux crânes d'œuf incroyants, de rester auprès de ton bénitier, t'as voulu jouer les savants, faire ton mariole autour du monde, c'est bien fait pour toi.

Car Dieu est sadique, quand il veut. L'abbé est trop rationnel pour penser à autre chose qu'une incroyable malchance, il ne sait pas encore que ses ennuis ne font que commencer. Sur le coup, sa déprime est telle, après un si époustouflant manque de bol, qu'il tombe malade et ne peut même pas repartir, terrassé par les fièvres. Enfin six mois plus tard, il trouve assez de force pour monter sur un bateau, mais la météo, qui a découvert comment on pouvait rigoler avec un ratichon repenti, ne lui lâche pas la grappe : une épouvantable tempête endommage le navire, qui ne dépasse pas l'île Bourbon, ancien nom de la Réunion. L'abbé poissard passe des mois à attendre un autre bateau pour revoir sa Normandie et ce n'est qu'en août 1771, plus de deux ans après son départ de Pondichéry, onze ans après son départ du Havre, qu'un vaisseau espagnol lui permet de regagner l'Europe. Débarqué à Cadix, l'abbé qui en a ras la soutane de l'écume et des embruns, décide de regagner Paris par voie de terre, ce qui n'est pas obligatoirement une sinécure. Mais le chemin caillouteux lui est plus favorable que la météo marine, il retrouve enfin Paris, sa famille et son foyer, youhou me revoilà ! Et là, ses proches et ses collègues ne font que hurler de terreur : un fantôme !

Il découvre, accablé, qu'aucune de ses lettres n'était parvenue à Paris, qu'on l'a déclaré mort depuis plusieurs années, ce qui arrangeait bien ses rivaux et ses héritiers. On a vendu ses biens, occupé son siège à l'Académie, réattribué son poste à l'Observatoire. Sa résurrection n'est pas bienvenue pour tout le monde.

Alors l'abbé se voit contraint de se lancer dans un autre genre d'aventure : la procédure. Il en appelle à la justice pour récupérer ses titres et ses droits. Il finit par retrouver son siège à l'Académie, mais des manœuvres tordues de margoulins locaux lui aliènent définitivement ses biens. Et pourtant, Le Gentil, qui avait eu toutes les raisons de devenir méchant, voit au contraire sa pathétique trajectoire se terminer en eau de rose. En plein milieu de la bataille juridique qui ne lui permettra pas de récupérer son patrimoine, il découvre l'amour, et se marie avec une jeune femme de son pays, avec laquelle il aura une fille. Le pape de la malchance occupera paisiblement le restant de sa vie à élever sa gamine et à rédiger ses mémoires scientifiques, où il rassemblera tout ce qu'il a recueilli dans ses pérégrinations océanes. Malheureusement, comme le destin est logique jusqu'au bout, la postérité ne retiendra de lui que son record de guigne, et ses mémoires ne serviront qu'à encombrer les étagères poussiéreuses de l'Académie. Son martyre sombrera-t-il à jamais dans l'oubli ?

Pas complètement. Touchés par un tel chemin de croix au service de la science, les astronomes du futur décideront de donner son nom à un cratère de la Lune, privilège réservé à un nombre limité d'humains. Ils en choisirent un dans la partie sud-ouest de la face visible. Le gros là, avec une montagne centrale ? Non, plutôt celui d'à côté. Le petit ? En bas ? Avec un bord à moitié effondré ? Non, encore à côté. La vague dépression érodée à mort qu'on voit à peine en lumière rasante ? Voilà, celui-là.

L'aventure qu'aimait Conrad Kilian sentait bon le sable chaud, le rocher torride sans batraciens ni plantes vertes, l'horizon desséché que le soleil touille du mouvement brownien de l'air brûlant. Conrad Kilian s'était entiché du Sahara, et cette obsession le poursuivra toute son existence.

Géologue de formation, fils lui-même d'un géologue grenoblois célèbre pour avoir fondé la géologie alpine, il ne pouvait rêver meilleur théâtre pour son métier que le désert, puisque le monde minéral y exhibe sa surface nue sans aucun voile verdâtre importun. À 23 ans, alors qu'il n'a pas terminé ses études, il part, avec l'aval de son père, se frotter au terrain, se mesurer à la minéralogie pratique, sur un champ d'investigation aussi gigantesque que vierge. Car au début des années 1920, aucune étude géologique d'ampleur n'a été menée sur le Sahara, pour la simple raison qu'aucun chercheur n'y a jamais mis les pieds et que des régions entières sont inconnues, même des populations indigènes.

Prélude de toute sa vie, la première opportunité scientifique du postulant géologue démarre d'une drôle de façon : sa mission n'est pas une prospection minéralogique mais une chasse au trésor. Un vrai trésor, scintillant et chatoyant, baigné d'un halo légendaire, avec néanmoins suffisamment de précisions pour qu'on puisse croire à son existence : les émeraudes des Garamantes. Une légende circule entre les douars selon laquelle, dans l'Antiquité, les guerriers garamantes auraient caché un fabuleux trésor en émeraudes dans les montagnes du Hoggar. Cette histoire a tourné les sangs d'un riche et fébrile colon d'origine suisse, vivant en Kabylie. Assoiffé d'épopée et de mystère, il a mené des recherches et est tombé sur un témoignage récent, fait par un officier explorateur français à un chef de tribu. L'homme a vu de ses yeux les montagnes d'émeraudes cachées dans des grottes secrètes avant de mourir assassiné[1].

Trop âgé pour partir lui-même, le colon finance une expédition de recherche, il en a les moyens. Il embauche une espèce de baroudeur professionnel, grande gueule et peau tannée, suisse allemand d'origine lui aussi, habitué du désert, rompu aux situations épineuses, qui dirigera l'action. Ainsi qu'un géologue pour localiser d'éventuels gisements, qu'il recrute par l'intermédiaire du milieu de la minéralogie française : le jeune étudiant Kilian, sportif et brillant, assurera la partie intellectuelle. Mais au fur et à mesure que l'expédition avance, la division des tâches deviendra division tout court entre les deux hommes. La caravane part le 8 janvier 1922 de Touggourt, direction le Hoggar, chameaux, escorte de Chambaas, guides touaregs. Alors qu'au début, Conrad tente consciencieusement de s'accoutumer à sa monture, assuré de leur prochaine découverte, il comprend vite que son compagnon est moyennement convaincu par les émeraudes des rastaquouères. Il les cherche certes, puisqu'il est payé

1. Le biologiste Théodore Monod, lors de ses pérégrinations sahariennes, croisera la même légende en 1940. Il en tirera un titre pour un des recueils de ses souvenirs : *L'Émeraude des Garamantes*. Il y évoque au passage le rôle de Conrad Kilian.

pour ça – et sait-on jamais ? – mais sa priorité reste de soutirer le maximum d'argent à son commanditaire. Alors, le jeune blanc-bec se désintéresse de l'affaire et se consacre de plus en plus souvent à l'exploration géologique des régions que l'expédition traverse. À la grande exaspération de son équipier, il passe son temps à procéder à des sondages et des relèvements sur des terrains qu'effectivement personne n'a jamais étudiés. Tandis que l'autre fulmine, l'apprenti géologue assimile aussi les coutumes, les usages et les méthodes de survie des autochtones. Début mars, la caravane atteint Tamanrasset.

La tension devient telle entre les deux hommes qu'en avril, Kilian décide de continuer seul. Au dernier moment, un guide chambaa insiste pour l'accompagner, mais les autres ricanent devant son projet insensé de traverser le Hoggar sur un itinéraire que personne n'a jamais emprunté, où les points d'eau sont inconnus. Quand le 2 juin, après avoir plusieurs fois frôlé la mort, Kilian rejoint le poste d'In Salah, les officiers n'en croient pas leurs yeux, il était considéré comme perdu, tué par la soif ou les rebelles targuis.

Il n'a pas trouvé le trésor des Garamantes. En guise de richesses, il n'a ramené qu'un fatras de notes scientifiques. Mais dans ses gribouillis se trouve un trésor bien plus inestimable qu'une benne d'émeraudes : le pétrole. À peine remis de son périple, il s'est mis au travail et a envoyé à son père pour le faire publier un mémoire intitulé *Aperçu général de la structure des Tassilis des Ajjer*, dans lequel il écrit avec une grande prescience que la nature des roches et leur âge l'ont convaincu de la présence de poches contenant du naphte, comme on appelait encore l'or noir.

Il n'a pas perdu son temps. En plus de savoir monter un chameau, il a trouvé sa vocation : il sera explorateur saharien. Mieux : conquérant du Sahara pour la France, il déploiera la bannière tricolore aux confins du désert pour son suzerain président de la République, et entraînera derrière lui les populations locales reconnaissantes, afin d'offrir à sa patrie éternelle les richesses et la puissance que son audace et ses talents scientifiques sauront prodiguer.

De retour à Paris, Conrad a dédaigné de passer sa thèse universitaire, jugeant les examinateurs comme de vains bureaucrates, petits Blancs rabougris dont le savoir était rédhibitoirement inférieur au sien. Il attend le Sahara, le Sahara l'attend. Si ses années de formation ont été désordonnées, il n'en a pas moins cultivé une personnalité aussi forte que déroutante. Féru de romantisme médiéval – sa prestigieuse ascendance dans les familles Cuvier et Boissy d'Anglas n'est pas étrangère à cet engouement –, Kilian est un seigneur, un chevalier des temps anciens, les dunes brûlantes seront son Graal, les richesses du sous-sol saharien sa croisade.

À dos de chameau, juste accompagné d'un guide touareg qu'il bombardera écuyer, le chevalier Kilian commence à explorer le désert dans des expéditions en solo aussi inédites que dangereuses, multipliant les contacts avec les tribus locales, et débarquant dans tous les postes précédé de quelques mètres par son « écuyer-banneret », son Touareg préféré, porteur d'un étendard à ses armes arborant sa devise : « Avec vaillants, toujours Kilian ! » Apparition que rend plus spectaculaire encore l'uniforme d'officier de l'armée française qu'il porte avec des gants blancs sous son burnous. Tout au long des années 1930, il sillonnera le Sahara dans cet équipage, plus ou moins mandaté, plus ou moins officiel, plus ou moins financé, mais désormais rompu à la vie dans le désert, accomplissant des prouesses dans la reconnaissance de régions alors inexplorées, posant les premières bases de la géologie du Hoggar, du Fezzan, ouvrant des itinéraires qu'aucun homme n'a jamais parcourus, et commencera à se faire un petit nom dans le milieu saharien.

La Seconde Guerre mondiale, où il se retrouve lieutenant d'artillerie dans le Nord de la France, le calme un peu, d'autant qu'il est fait prisonnier et envoyé en Allemagne. Mais c'est pour rebondir de plus belle dans son obsession coloniale, quand, libéré, il est nommé attaché scientifique au laboratoire de géologie appliquée à la faculté des sciences d'Alger.

À partir de là, espèce de sous-Lawrence d'Arabie, il se mêlera de tout, des affaires militaires, stratégiques, géopolitiques, diplomatiques, mettra son grain de sel dans les bisbilles de frontières entre les colonies italiennes et françaises, il fera baraquer son chameau partout. Usant et abusant de son statut autoproclamé d'explorateur scientifique, il tentera de se faire entendre dans l'arène des hautes autorités, mais sa véhémence hautaine et sa pugnacité énerveront autant les officiers coloniaux que les chefs arabes. Dans ce monde formaté, il ne se fait pas que des amis.

Surtout qu'en 1943, un incident pique au vif sa marotte patriotico-géostratégique et enflamme sa vigueur de prosélyte : lors d'une expédition topographique menée en reliant Agadès à Tamanrasset, il découvre que les Anglais exploitent en douce un gisement de minerai rare au cœur du Sahara français. À partir de là débute la pente savonneuse d'un glissement progressif vers la paranoïa, auquel il convient d'ajouter que si rien de ce qui suit n'est absolument impossible, rien non plus depuis soixant-dix ans n'a apporté le début d'une confirmation.

Kilian dénonce le trafic des mineurs clandestins à ses supérieurs (était-ce vrai ? était-ce seulement vraisemblable ?), et tombe malade. Il est persuadé d'avoir été empoisonné par une drogue berbère, le *bor-bor*, il y voit la main de ses ennemis stipendiés par l'étranger pour le faire taire. Mais il s'en tire. Après avoir alerté le cercle de personnalités qu'il connaît, il rejoint Paris en 1945. Il a déjà oublié la mine clandestine, il se lance dans sa principale croisade qui a pour thème : les terrains possédés par la France regorgent de pétrole, les puissances étrangères complotent pour s'en emparer. Ses études géologiques à l'appui, Kilian commence alors un harcèlement qui prend pour cibles diverses personnalités, et qui ne cessera plus jusqu'à sa mort. Il inonde ministres et hommes politiques de courriers qu'il signe « explorateur souverain », mémorandums, dossiers, demandes d'audience… jusqu'au général de Gaulle, qui s'abstiendra de lui répondre, manipulé qu'il est par le lobby anglo-américain. L'oreille un temps indulgente d'un général Leclerc ou d'un académicien Daniel-Rops démultipliera l'énergie du croisé. Mais plus il fait le siège des bureaux ministériels, avec ses lubies dans sa sacoche, plus on l'éconduit, plus son état général se dégrade. C'est qu'il s'est trouvé une nouvelle menace : les Anglais ont décidé de le faire taire pour de bon, et du matin au soir, il est poursuivi par les agents de l'Intelligence Service et de la Standard Oil réunis. Justement, l'accident où est mort le général Leclerc n'est-il pas un assassinat camouflé ? Kilian guette les espions la nuit, ne dort plus, passe ses journées à les semer, se néglige, et commence à se clochardiser, un comportement qui effare jusqu'aux derniers amis fidèles qu'il a gardés.

Le 30 avril 1950, le conquérant du Sahara tricolore est retrouvé mort dans sa chambre, à l'hôtel grenoblois où il avait trouvé refuge, entouré de ses souvenirs, son étendard, son burnous et ses rapports scientifiques. Celui qui avait vingt fois échappé de justesse à la Faucheuse dans les ergs arides s'est pendu à l'espagnolette de sa fenêtre. Bien sûr, ses proches crient au suicide déguisé, il dérangeait trop de gens, etc., et quelques journalistes relaieront ces soupçons. Pourtant, avec le recul, il semble que, tout comme les Français n'eurent pas besoin de lui pour exploiter le pétrole saharien, il n'a pas eu besoin d'un agent secret pour mettre fin à une existence aussi tordue.

José Emperaire, le Lévi-Strauss de la déprime (1958)

Quand on est ethnologue et archéologue, on dispose de suffisamment de champs d'étude pour exercer ses talents sous les tropiques, peut-être tristes mais chauds, ou dans des îles supportables, ou des pays sauvages mais civilisés, voire à sa porte, sauf si on a l'âme d'un aventurier et qu'on aime les complications. José Emperaire, lui, avait choisi le trou du cul du monde, l'endroit le plus déprimant de la planète, au sud du sud de l'Amérique du Sud, dans ces régions du cap Horn juste fréquentées par des pingouins qui ne s'appellent même pas comme ça, et des skippers énervés qui chassent les pics d'adrénaline à très cher de l'heure : le sud de la Patagonie, autrement appelé « Terre de Feu », parce que par là, du feu, il en faut, le problème c'est de l'entretenir. Bref, un paysage magnifique, qu'on ne voit pas à cause des grains, de la pluie et des tempêtes à peu près permanentes, un vent ignoble, des canicules en été qui vont jusqu'à des 8, 10 °C degrés, des terres où ne poussent que des plantes tellement habituées à l'hostilité du climat qu'elles en sont méchantes, et quelques animaux neurasthéniques. Ça, c'est pour le pays. Maintenant parlons de ses habitants, car il y a eu des habitants.

Cette région désolante n'a été occupée que par deux tribus d'infortunés Indiens, sans doute parce qu'ailleurs, c'était déjà pris, ou qu'on ne voulait pas d'eux, les Yaghans et les Alakalufs. Quand on les a découverts, on les considérait comme le groupe humain qui s'accommodait des conditions les plus hostiles de la planète, mais sans la classe des Esquimos qui, eux, ont des igloos très beaux et des chiens choupis qui tirent d'élégants traîneaux. Rien de tel chez les Fuégiens : dénuement total, culture archaïque, survivant chichement de pêche et de cueillette, un peu cannibales dans les périodes de pénurie, entièrement nus la plupart du temps dans un climat épouvantable, par des températures jamais supérieures à 10 °C, riches des seuls objets qu'ils savent construire, des sortes de canots creusés dans le bois. À part ça, ils ignorent tout des outils, de l'agriculture, de l'élevage, de l'artisanat, bref, à peine le néolithique. Voici ce qu'en pensait Darwin, quand, à bord du *Beagle*, il approche une des tribus en 1831 : « L'étonnement que je ressentis en voyant pour la première fois un groupe de Fuégiens sur une côte sauvage et accidentée, je ne l'oublierai jamais, car aussitôt me vint brusquement à l'esprit cette réflexion : tels étaient nos ancêtres. Ces hommes étaient absolument nus et barbouillés de peinture, leurs longs cheveux étaient emmêlés, leur bouche écumait d'excitation, et leur expression était sauvage, effrayée et méfiante. Ils ne possédaient presque aucun art, et, tels des animaux sauvages, ils vivaient de ce qu'ils pouvaient attraper ; ils n'avaient pas de gouvernement, et ils étaient sans pitié à l'égard de quiconque n'appartenait pas à leur petite tribu[1]. »

Mais quand José Emperaire débarque en Patagonie, le problème ne se pose plus, car les Yaghans ont disparu sous les coups de boutoir bactériens et culturels

1. *La Filiation de l'homme et la sélection liée au sexe*, 1871.

d'une civilisation qui prétendait les aider. En 1947, alors que le jeune ethnologue sillonne le coin en voilier, il reste encore un peu des Alakalufs, suffisamment en tout cas pour que le visiteur, suivant des raisons qui dépassent l'entendement du scientifique honnête, décide d'en faire son sujet de recherche, au moins il était sûr qu'il n'aurait pas trop de concurrents. Parallèlement, il va mener des campagnes de fouilles au Brésil pour se sécher au soleil et acheter des antidépresseurs, mais, entre quelques passages en France, il préfère retourner vers les Alakalufs, ses sujets préférés. D'autant qu'il a intérêt à se dépêcher : quand on interviewe un peuple en voie de disparition, le temps qu'on démarre son magnétophone, y a plus personne. Il patauge donc d'une île à l'autre à la rencontre des derniers survivants pour observer leur vie quotidienne et surtout mater les Alakalufiennes en tenue de soirée en train d'éplucher les glaçons. Mais comme de leurs mœurs et coutumes, il en a vite fait le tour, il décide de rechercher plutôt les traces de leur passé, et entreprend avec un moral d'enfer de creuser sous la pluie. Aussi, l'ethnologue émule de Bob l'éponge va entamer des chantiers de fouilles dans l'émiettement d'îles qui constitue la Patagonie chilienne, pour voir si des fois les Alakalufs avaient des ancêtres. Les rapports de ses fouilles archéologiques étaient faciles à écrire :

Couche 1 : rien

Couche 2 : rien

Mais quand même, en 1957, à force de gratter dans la gadoue, il finit par trouver quelque chose, sur une île appelée « Riesco » : les grandes pointes foliacées. Ce joli nom désigne des bouts de cailloux qui servaient de pointes de lance. Longuement travaillés dans la roche volcanique – de toute façon dans le coin, y avait que ça à faire –, les surins néolithiques qu'il met au jour sont beaucoup plus longs que d'autres spécimens du même type, d'où leur nom, et semblent carrément plus perfectionnés que les bricolages des Fuégiens contemporains. Les ancêtres n'avaient pas encore inventé le chauffe-plat électrique, mais c'était déjà ça. Leur datation situe le niveau le plus ancien à – 7 000 ans et prouve que les autochtones vivent à poil sous la pluie depuis tout ce temps-là. Cette découverte marquera le début des recherches sur la préhistoire patagonienne. Mais aussi la fin des recherches d'Emperaire.

Car s'il ne s'est pas suicidé en avisant un jour la vertigineuse grisaille de son boulot, le mercenaire de la science aurait pu cent fois être victime de la mauvaise humeur chronique de ses sujets d'étude, ça s'est déjà vu. Non contents de vivre dans des conditions aussi merdiques, de se voir insulter depuis Darwin, de se retrouver en voie de disparition, les derniers Alakalufs, qui doivent maintenant, en plus, se fader des curieux à lunettes occupés à leur scruter les poils des narines, auraient pu couver une légitime envie de se venger une fois pour toutes de l'homme blanc en se bouffant un intellectuel français pour changer du poisson congelé. Or, ce n'est pas l'ethnologie qui causera la perte du chercheur mais un bête problème de travaux publics, chapitre du terrassement.

En décembre 1958, alors que l'archéologue se trouve en famille sur le site de Ponsonby, sans doute ne s'estimant pas assez au fond du gouffre, il décide d'aller creuser tout seul au fond de sa tranchée prometteuse (les pointes, y a que ça). Défaut d'étayage ? Averse plus torrentielle que d'habitude ? Alors qu'il est occupé tout en bas, les parois du fossé s'effondrent sur lui. Quand, ne le voyant pas revenir, sa femme et ses équipiers viennent le dégager, il est trop tard. Le monde scientifique chilien rendra un hommage marqué à celui qui a fondé la préhistoire patagonienne mais curieusement, les ethnologues locaux préféreront quant à eux venir en France étudier la pratique de la danse country dans les assemblées festives des agricultrices de la Brie champenoise.

Katia et Maurice Krafft, love scorie (1991)

Dès le début, l'idylle de Katia et Maurice Krafft sent le soufre. Il est rare qu'un couple communie dans la même passion à ce point de fusion. Étudiants, dès qu'ils ont découvert qu'ils partageaient le même amour pour les débordements de magma à la surface de la Terre, ils se sont trouvés, et ne se quitteront plus jusqu'à la mort. Dire que les volcans remplissaient leur vie est une faible image, ils étaient nés dans un cratère, de la lave coulait dans leurs veines, ils bouffaient du métamorphique à tous les repas. Depuis son enfance, Maurice n'avait qu'une idole, Haroun Tazieff, pape incontesté des volcans, devenu plus tard chouchou des Français grâce à ses films et ses émissions de télé, où il ne détestait pas jouer le premier rôle. À force de pugnacité, le jeune Krafft parvient à intégrer son équipe en 1966.

Doit-on dire « volcanologue » ou « vulcanologue » ? Haroun Tazieff insistait pour le « vol », qu'il avait d'ailleurs lui-même initié. Maurice Krafft, de trente-deux ans son cadet, préférait le « vul ». Mais cette microdivergence cachait quelques incompatibilités sur le fond. La principale étant que le futur éphémère ministre gardait une considération impérative pour l'autorité scientifique et les cadres du système de la recherche (ainsi que de ses subventions), alors que le jeune chercheur était prêt à faire feu de tout magma pour satisfaire sa passion. De bisbilles en prises de bec, Krafft quitte deux ans plus tard le rugueux baroudeur belge (Tazieff ne sera français qu'en 1971) pour voler de ses propres ailes ignifugées.

Il épouse Katia en 1970 et dès lors leur ferveur commune devient une rage de tous les instants : négligeant les laboratoires et les filières universitaires, ils frappent à toutes les portes, mendient toutes les aides, ramassent des bouts de ficelle, pour financer leur matériel et payer leurs voyages. Avec une telle fureur pour développer leur spécialité, leur ascension dans la notoriété volcanologique se fait à grande vitesse. Films, photos, livres et conférences se succèdent, leur nom commence à émerger et dans les années 1980, son écho en vient à chatouiller les rangers de la star qui roule les « r » et n'aime pas beaucoup les agitations rivales. Haroun se fend de quelques remarques acerbes sur leur manque de sérieux. Déjà, il leur reproche de prendre des risques inconsidérés pour la gloriole, laquelle par ailleurs, a le tort de concurrencer ses propres productions.

Pourtant, justement, c'est dans la prévention des risques liés aux volcans que Katia sera la plus active et la plus reconnue, jusqu'à être financée par l'UNESCO. Mais ses recommandations sont pour les autres. Le principe de travail qu'elle partage avec son mari c'est plutôt « Plus près, toujours plus près ».

Car leur amour de l'aventure incandescente n'a pas faibli avec l'âge et la célébrité. Ensemble, ils courent le monde pour faire du surf sur la lave, gambader entre les bombes volcaniques, se faufiler dans l'intimité des éruptions les plus dangereuses sous toutes leurs formes, moitié pour la recherche, moitié pour l'audience. C'est ainsi que vers la fin des années 1980, ils décident de s'intéresser aux coulées pyroclastiques, avec le projet de s'en approcher le plus près possible pour les filmer. En 1990, déjà possédé par son sujet, Maurice écrit dans *Geo* un article sur ces manifestations éruptives particulières et leur extrême dangerosité.

Une coulée pyroclastique, communément appelée « nuée ardente », est un phénomène qui accompagne généralement les éruptions dites « peléennes », du nom de la montagne Pelée en Martinique, dont l'explosion fit vingt-neuf mille morts en 1902. Dans ce type de volcan, la lave, extrêmement visqueuse, voire solide, s'accumule dans le cratère et forme un gigantesque bouchon qui retient la poussée venue des profondeurs. Quand la pression devient trop forte, le volcan n'entre pas en éruption, il explose. Dans une déflagration d'apocalypse, une partie de l'énergie expulsée monte droit vers la stratosphère, l'autre descend sur ses flancs. Ce qui coule n'est pas de la lave liquide mais un mélange de gaz à haute température, de cendres et de roches qui dévale la pente à la vitesse impulsée par l'explosion, de 100 à 300 kilomètres à l'heure selon les cas. Toutes proportions gardées, son action est comparable à celle d'une bombe atomique, les radiations en moins : d'abord un effet de souffle qui pulvérise tout obstacle qu'il rencontre, puis un effet de chaleur qui carbonise instantanément toute matière combustible, végétaux, hommes et animaux, avec une température estimée entre 500 et 1 000 °C.

Le mont Unzen au Japon va combler l'attente du couple ardent. Ce volcan, justement de type peléen, montre tous les signes d'une éruption imminente. La coulée pyroclastique va être de la fête, les Krafft s'envolent pour l'île de Kyushu, où ils arrivent le

26 mai 1991. Pour s'approcher d'un phénomène aussi dangereux, il suffit de prévoir sa trajectoire avec le plus de précision possible. Les gaz éruptifs obéissent à la pesanteur et suivent le relief pour se diriger vers les points les plus bas. Avec leur expérience acquise, les Krafft ont tôt fait de repérer le couloir que les gaz vont dévaler, et décident de s'installer à 500 mètres de sa partie inférieure.

Ils ne sont pas les seuls. Il y a déjà là un volcanologue américain, Harry Glicken, et surtout une nuée de journalistes. Le mont Unzen ayant déjà fait parler de lui deux siècles auparavant avec quinze mille morts à la clé, un volcanologue japonais est chargé de la surveillance du monstre, le professeur Kazuya Ohta. Dès que son garnement a manifesté ses velléités de réveil, il a ordonné l'évacuation de la zone et interdit à quiconque d'y pénétrer, journalistes compris. Mais il n'a pas de pouvoir de police et ses interdictions ne sont qu'incitatives. Si le maire de la ville voisine a bien suivi ses consignes et évacué les habitants, le professeur n'a pas le pouvoir de forcer les journalistes à s'éloigner, encore moins les collègues de sa discipline. Alors que l'endroit où tout ce beau monde s'est répandu pour tirer les meilleurs bénéfices du spectacle lui semble inconsidérément exposé, les chasseurs de scoops fumants arrivent aux conclusions inverses, excités qu'ils sont par la compétition qui règne entre eux : si d'aussi célèbres spécialistes que M. et Mme Krafft estiment que le lieu est sûr au point de s'y installer, c'est que le danger n'est pas aussi pressant que ça. Leurs patrons ne leur pardonneraient pas des prises de vues plus timides que celles des concurrents.

Or, nul mieux que les Krafft ne connaissait les risques de la situation. Maurice n'avait-il pas écrit lui-même un an plus tôt dans ce fameux article de *Geo :* « De "volcanophages" boulimiques de gerbes incandescentes et de rivières de feu, nous sommes devenus imperceptiblement des volcanologues responsables, conscients des risques que les phénomènes éruptifs font courir aux hommes » ? Les deux volcanologues disposent leur équipement à quelque distance de la presse, en amont ; le collègue nippon, sans doute impressionné par leur célébrité mondiale, les estime mieux placés que lui pour juger du péril, il garde ses réflexions pour lui. Et le couple veut faire les plus saisissantes prises de vues d'une nuée ardente, quitte à abandonner quelques instants leur panoplie de scientifiques pondérés, après tout, des flatulences de la Terre, les tourtereaux en Kevlar aluminisé en ont vu d'autres.

La coulée pyroclastique ne déçoit pas ses fans. Elle surgit le 3 juin à 16 heures : après de fortes secousses sismiques, le dôme principal du mont Unzen explose et la nuée s'étale. Et elle est aussi énorme qu'on pouvait le souhaiter, peut-être un peu trop. Les estimations des deux volcanologues ont-elles été faussées par des paramètres inattendus ? Le magma en a-t-il eu marre de se faire chatouiller sous le menton par ces deux insolents et a-t-il redoublé d'énergie ? Ou, plus simplement, ont-ils dépassé le seuil du risque fatal en pleine inconséquence, comme des adolescents marioles et fanfarons ? Toujours est-il qu'au moment où ils prennent conscience que la nuée plus ample, violente ou rapide que prévu, va les engloutir, ils savent, eux, que toute action pour y échapper est vaine, alors que les journalistes tentent de fuir. On retrouvera leurs corps dans les cendres, ainsi que ceux de quarante et une autres victimes.

Bien sûr, la mort des deux célébrités ne passe pas inaperçue et les sanglots de toutes les presses confondues y vont bon train dans le romantisme fumant sur l'air de « Ils sont morts dans l'apothéose de leur passion, comme ils le souhaitaient ». Mais la profession, elle, derrière des larmes de crocodile, chuchote sur la rançon de l'aventurisme insuffisamment étayé par les données scientifiques.

Dans le duel entre le « u » et le « o », c'est Tazieff qui a gagné : l'Académie recommande l'emploi de « volcanologie », qui peu à peu s'est imposé. Était-ce à propos des Krafft que le vieux râleur avait écrit « Un bon aventurier meurt dans son lit » ? En tout cas, c'est ce qu'il fit lui-même en 1998.

LES RATÉS DE L'AVENTURE MARITIME

Des odyssées avortées, les amoureux de la mer en ont des milliers à raconter, c'est presque une vocation. Les amateurs d'aventures hauturières sont aussi nombreux dans les pays riches que les comptes en banque à même de financer un bateau, et la mer que chérira toujours l'homme libre continue à faire rêver le salarié du tertiaire. Résultat, les équipées marines sont plus que jamais dans l'air du temps, et se trouvent toujours assorties d'une proportion incompressible de catastrophes, suivant les fortunes des marins et des bateaux, dans les deux sens du mot. Catastrophes qui, vues de loin, se ressemblent toutes. Sur mer, les ratages les plus insolites, il faut les chercher dans les eaux moins fréquentées.

De Bisschop et les bateaux en allumettes (1958)

Dans la galerie des aventuriers rateurs, catégorie grande bleue, le Français Éric de Bisschop tient le pompon. Car lui, ce n'est pas un ou deux fiascos qu'il a à son palmarès, c'est une vie entière de ratages, inséparables d'une soif inextinguible de vadrouille nautique. Et encore, il s'agit de ratages parmi les plus pervers, ceux qui arrivent pas loin de la réussite, les presque-victoires, les quasi-succès. Dès son adolescence, il est pris d'une frénésie d'aventure et de bougeotte maritime, il a des puces de mer en guise de fourmis dans le maillot de bain, mais c'est peut-être son enfance dans le Pas-de-Calais et la petite affaire de savonnerie de son père qui le font fuir le plus loin possible. Après avoir été mousse, étudiant hydrographe, puis officier aux Dardanelles, il termine la Première Guerre mondiale en se crashant en hydravion, et on le retrouve en Chine dix ans plus tard, en train de construire une jonque avec les moyens du bord en compagnie d'un copain français, pour naviguer en mer de Chine. La jonque descend le Yangtsé, mais à peine arrivée à la mer, elle s'éclate sur les récifs. Les deux acolytes en construisent une deuxième. Ce coup-ci, ce ne sont pas les rochers qui les arrêtent mais les Japonais qui les foutent en taule pour espionnage. Tout juste sortis, ils récupèrent leur jonque et font voile vers Hawaï, où ils s'échouent en octobre 1935, presque morts de faim et d'épuisement sur une île de lépreux. Ils récupèrent, passent d'une île à l'autre, et leur deuxième jonque se désintègre dans la tempête. Ils s'en tirent de justesse.

À Hawaï, l'argent des savons du papa permet au Éric de se lancer dans un autre projet : construire une double pirogue de haute mer, comme en construisaient les Hawaïens des siècles passés, baptisée le *Kaimiloa*, et rejoindre l'Europe par l'océan Indien. Cette fois, il y arrivera. Presque. Au bout d'un an de contretemps et de galères, de casses et de reconstructions, il passe le cap de Bonne-Espérance et pousse sa noix de coco jusqu'à Cannes, où il arrive en 1938, montrant au passage ses réelles qualités de navigateur. Il construit un nouveau bateau, mais la guerre le rattrape. En pleine débâcle, il préfère mettre le Pacifique entre les panzers et lui, ce qui ne l'empêche pas de soutenir le Maréchal : ses opinions politiques étant aussi archaïques que ses bateaux, il s'engage du mauvais côté (ne disait-on pas que Pétain avait été son parrain à sa naissance ?). Malgré la perte de son nouveau rafiot dans une tempête aux Canaries, il parvient à Honolulu où il est nommé consul honoraire du régime de Vichy. Après le conflit, remis difficilement de sa déception maréchalesque et de quelques ennuis entraînés par son funeste choix, il transite vers la Polynésie française en 1947, où il décroche un poste plus reposant d'agent du cadastre. Mais c'est là que le rattrape le pire de ses démons.

On pensait déjà dans les années 1930 que la Polynésie avait été peuplée par des groupes humains provenant de l'ouest, de l'Asie, se déplaçant au moyen d'embarcations primitives. Le Norvégien Thor Heyerdahl pensait au contraire que les archipels océaniens avaient été peuplés par des populations venant de l'est, de l'Amérique du Sud, sur le même genre d'embarcations. Pour prouver que c'était possible, il construisit un radeau sur les côtes péruviennes, avec des outils et des matériaux disponibles sur les lieux à l'époque du néolithique, pour voyager exactement dans les mêmes conditions que les hommes préhistoriques. En 1947, l'épopée de son radeau de lianes et de bouts de bois, le *Kon-Tiki*, qu'il mena à travers le Pacifique jusqu'aux îles Tuamotu avec ses cinq équipiers, connut un grand succès populaire, lui valut une renommée mondiale et fit naître des vocations. Après Thor Heyerdahl, nombre d'ethnologues marins en herbe se mirent à construire des bricolages flottants crypto-archaïques, qui en bambou, qui en paille, en papyrus, en palmes, en balsa… La plupart n'ambitionnèrent pas plus que la traversée du lac du bois de Boulogne, mais certains poussèrent la démonstration plus loin que le Scandinave xylophile. Éric de Bisschop, quant à lui, s'étrangla de rage.

Les constructions ancestrales, les gréements antiques, les navigations à l'audace, sans cartes et sans instruments, lui, Éric de Bisschop, l'a fait bien avant le blondasse, et l'énorme succès public que recueille le bellâtre avec sa bande d'amateurs qui n'ont jamais mis le pied sur un bateau[1], accrédite une théorie absolument fausse ! Ce ne sont pas les Indiens joueurs de flûte et leurs lamas qui ont conquis la Polynésie, mais les Polynésiens qui, sur leurs embarcations, étaient capables d'aller partout, sur les côtes sud-américaines comme

1. Et pour cause : Heyerdahl ne voulait pas que son éventuel succès soit attribué aux qualités marines de l'équipage.

ailleurs, et d'en revenir ! Et lui, Éric de Bisschop, va le démontrer sur-le-champ, en accomplissant la même prouesse, mais dans l'autre sens !

La colère doublée par la jalousie devant le triomphe planétaire d'Heyerdahl est un bon stimulant. Dans les mêmes conditions que le Norvégien, il entreprend de construire à Tahiti un radeau en bambou et en fibres végétales tressées. Mais le temps passe, et en novembre 1956, quand il est enfin prêt à partir, il n'est plus tout jeune, il a 65 ans. Au terme d'une grande fête locale, avec colliers de fleurs et chœurs tahitiens, il embarque, ainsi que quatre hommes, trois chats et un cochon de lait nommé Panchita, sur le *Tahiti-Nui*, radeau à peine manœuvrant, avec tout de même un abri hors d'eau et une radio, comme Heyerdahl. Et ça marche. Le vent complice les pousse vers l'est, ils communiquent leur progression par radio et passent le temps à jouer les scientifiques en observant scrupuleusement les poiscailles et les nuages. Mais l'avance est très lente. Quand arrive le mois de février, le moral n'est plus au beau fixe. Le radeau se délite, la provision de mots croisés est épuisée, et pire, comme dans la chanson, les vivres commencent à manquer. Nul besoin de tirer à la courte paille pour savoir qui sera mangé, Panchita est tout désigné, il a même grossi depuis le départ. Mais le cuisinier sentimental s'y oppose farouchement, ce sera le conflit le plus aigu de l'expédition. On ne saura jamais combien de temps le cuistot aurait pu résister, car au bout de sept mois de traversée, la tempête met tout le monde d'accord. Les vagues commencent à démantibuler l'esquif de plantasses, le vieux capitaine de bateaux en carton baisse les bras et fait ce que les Polynésiens préhistoriques auraient eu du mal à faire : par radio, il appelle au secours la marine chilienne. Le remorqueur *Baquedano* les recueille à 750 kilomètres des côtes et sauve les cinq hommes, les chats et le cochon. La tentative a échoué au 4/5ᵉ de son objectif, mais l'exploit reste spectaculaire et le Chili fait à l'équipage un accueil triomphal, même si on ne connaît pas le destin exact du cochon.

Et c'est d'ailleurs le gouvernement chilien qui va encourager l'entêté dans ses obsessions. Car si le vieillard a presque démontré le contraire des affirmations d'Heyerdahl, il veut maintenant prouver que les Polynésiens étaient capables de faire l'aller-retour, et décide d'entreprendre le voyage inverse avec le même radeau ! Et les autorités lui apportent leur assistance.

Avec l'aide des Chiliens, il construit donc une embarcation quasi identique, *Tahiti-Nui II*, au détail près qu'il remplace le bambou par du cyprès, et repart avec un équipage modifié en février 1958. Comme son prédécesseur, il longe la côte jusqu'à Callao au Pérou pour y choper les vents favorables, puis met le cap incontinent vers les îles Marquises. Et recommence la galère : le cyprès tient moins bien la mer que le bambou, il s'imbibe, le radeau prend l'eau, et après quatre mois de barbotage éprouvant, à 150 kilomètres des Marquises, l'équipage, de l'eau jusqu'aux genoux, admet l'évidence : le radeau coule. Il coule lentement, mais il coule. Là, impossible de prévenir quiconque par radio. Et pour arranger le tout, le capitaine est malade ! Devant la situation désespérée, les équipiers prennent sur eux de construire un radeau pour évacuer le radeau, avec les bouts du radeau. Ils embarquent le malade sur cette nouvelle palette flottante. Poussés par des vents contraires, ils ratent les Marquises et, plus de deux mois plus tard, fin août, arrivent en piteux état en vue d'un atoll des îles Cook, qu'ils tentent d'aborder. Le radeau bis explose sur les récifs qui entourent l'îlot et le vieux capitaine n'y survit pas. Les autres s'en tirent de peu et seront soignés par les insulaires.

Cette vie de virées maritimes agitées et d'échecs à peu près continuels s'achève sur un paradoxe : dans le duel final, le vainqueur avait tort. Malgré son succès, la théorie d'Heyerdahl du peuplement océanien fut invalidée postérieurement par d'autres recherches scientifiques. C'est le vaincu qui avait raison : les Polynésiens ont pu effectivement atteindre le continent. Mais de tout ça, le public s'en tape : c'est le Norvégien et son *Kon-Tiki* qui l'avaient fait rêver, c'est eux qu'il porta aux nues et garda en mémoire[1]. D'Éric de Bisschop, il ne reste qu'une tombe en grès, pas en bambou, et une commémoration officielle décennale à Tahiti, sa terre d'adoption, qui n'a pas tant de héros que ça à célébrer.

---

1. La qualité littéraire du récit d'Heyerdahl y est pour beaucoup.

Les losers du *Titanic* (1985)

Si tant est qu'ils aient eu encore le loisir de penser quoi que ce soit ce 14 avril 1912, les malheureux passagers du *Titanic* qui voyaient couler cet énorme machin garanti insubmersible par les crânes d'œuf de l'époque, étaient loin d'imaginer l'iceberg en or massif qu'allait rapporter leur lamentable histoire quelque huit décennies plus tard. La titanicomania a indéniablement été déclenchée par le triomphe mondial du film de James Cameron, mais le retour sous les projecteurs de ce pauvre bateau avait commencé douze ans plus tôt par l'initiative d'un certain Robert Ballard.

Ce professeur de géologie marine, directeur du laboratoire de plongée profonde au célèbre institut océanographique Woods Hole du Massachusetts, s'était mis dans la tête de retrouver l'épave du paquebot qui gisait par 4 000 mètres de fond dans l'Atlantique nord. Ça n'avait peut-être pas grand intérêt du point de vue de la géologie, mais il avait finement pressenti que du côté grand public, les retombées médiatiques et financières pouvaient s'en révéler prometteuses, dans un pays où la recherche dépend du bon vouloir des mécènes privés, et où le bon vouloir des mécènes privés dépend des retombées médiatiques et financières prometteuses. La recherche du *Titanic* présentait en effet tous les atouts d'un succès annoncé : le drame historique, la prouesse technique, le souffle de l'aventure, et même un trésor à la clé – ne disait-on pas que se trouvait dans l'épave les *Rubayat* d'Omar Khayyam, avec ses mille pierres précieuses enchâssées dans la reliure ? Ballard n'était pas le premier à se lancer là-dedans, mais pour une expédition telle que celle-là, il fallait avoir les reins solides aussi bien financièrement que techniquement.

L'idée était aussi de tester de nouveaux systèmes d'enregistrement d'images, robots et sous-marins, pour les plongées en grande profondeur. C'est par ce biais, et par des relations nouées jadis, qu'il réussit à intéresser les Français de l'Ifremer à l'affaire, et l'expédition montée en 1985 fut franco-américaine.

Plus exactement, elle se déroulerait en deux volets : un bateau français devrait explorer ce qu'il pourrait de la zone de recherche déterminée en commun. En cas d'insuccès, un bateau américain prendrait le relais, Ballard et son homologue de l'Ifremer, Jean-Louis Michel, dirigeant ensemble les opérations à bord de l'un puis de l'autre. Les bénéfices des retombées médiatiques en cas de succès devaient être partagés 50/50, chacun se doutant néanmoins sans le dire que le bateau qui parviendrait à la découverte recueillerait plus de prestige et bénéficierait des répercussions qui vont avec. Et ce, très loin d'augurer les éclaboussures glorieuses qui arroseraient le découvreur quand le film de 1997 deviendrait le plus insolent triomphe mondial de l'histoire du cinéma. Mais dans une semi-compétition avec les Américains, nous petits Frenchies, n'avons aucune chance, car Dieu n'est jamais *on our side*, en voici une preuve.

Le Suroît, bateau français, commença donc par explorer le secteur qu'avaient permis de définir au plus près les recherches historiques et maritimes des deux instituts. Il entreprit de balayer une zone vaguement carrée d'une quinzaine de kilomètres de côté au moyen d'un traîneau sous-marin remorqué, qui portait sonars et caméras. Il attaque le carré par l'angle est, aussi méthodique que possible, mais c'est moins facile que le coloriage. Le vent, les tempêtes, les courants, les difficultés de manœuvre avec ce câble de 5 000 mètres au cul, firent que *Le Suroît* n'attaqua pas le carré exactement par la pointe de l'angle et dut laisser de côté dès le départ un minuscule petit bout de la zone de recherches. Il continua à ramer pendant deux semaines à travers grains et coups de vent, les chercheurs couvrirent 70 % de la zone à explorer, en vain, et, découragés et amers, durent passer le relais aux Américains. Vous l'aviez deviné, c'est dans la minuscule portion de zone épargnée au départ que se trouvait l'épave du *Titanic*. Explorant un secteur décalé à l'est mais reprenant en partie la zone initiale, le navire océanographique américain découvrit l'épave six jours après le début de sa traque. Un poil de courant favorable, quelques heures d'accalmie dans la tempête auraient permis aux Français de commencer par le début prévu, et de tomber pile sur le jackpot dès les premiers jours de leurs recherches !

Avec le livre richement illustré racontant l'expédition traduit dans toutes les langues, ainsi que les documentaires tirés de l'exploration sous-marine de l'épave, Ballard devint une star planétaire[1]. Son récit inspira très largement l'équipe qui travailla à la gestation du film dans les années 1990. L'emballement du box-office,

1. Sur le tremplin du succès, il se spécialisa par la suite dans l'exploration des épaves légendaires : *Bismarck*, *Lusitania*, *Andrea Doria*…

qui rejaillit sur le moindre petit détail du naufrage, poussa l'engouement des foules à un point rarement atteint. On parlait désormais du *Titanic* dans tous les pays, à toutes les sauces, dans tous les foyers, l'épave devint plus fréquentée que le Taj Mahal aux heures d'affluence, plus convoitée qu'une mine d'or, chaque bout de rouille remonté rapportait une fortune.

Et chaque soir où les mille cinq cent vingt-deux victimes du naufrage se hissaient un peu plus haut sur le podium de l'immortalité, le petit Français Jean-Louis Michel, dont personne ne parlait jamais, sanglotait dans son lit.

Thierry Dubois et vice versa (1997)

S'il est une aventure qui recueille encore la ferveur d'un vaste public, c'est celle des grands voiliers engagés dans des compétitions mondialement célèbres, Fastnet, Whitbread, Trophée Jules Verne, Route du Rhum, Vendée Globe, Tour de ma piscine, même si la plupart de ces courses ressemblent maintenant plus à une foire d'empoigne financiaro-industrielle qu'à un combat de loups de mer burinés par les embruns. Le prix astronomique de ces nefs les condamnant à n'être que des bateaux-écrans publicitaires pour les grandes marques en tout genre, qui seules peuvent les financer.

De plus en plus immenses, de plus en plus rapides, que ce soit en monocoque ou multicoque, ces cathédrales de technologie farcies d'électronique rivalisent de performances, le but étant de les pousser à l'extrême limite, de narguer les pires météos, pour faire mieux que le monstre du concurrent. Alors, avaries, chavirages, et sauvetages grandioses font partie du jeu, et on se demande si ce ne sont pas les éditions avec le maximum de dégâts qui attirent le plus les foules. Souvent, les secours acrobatiques pour les bateaux en perdition dans les tempêtes constituent des épisodes fameux, et captivent le public plus fidèlement que le même esquif taillant benoîtement sa route sans anicroche. Tout de même, dans cette routine de la casse, l'accident le plus redouté des skippers reste le chavirage. Et plus le bateau est grand, plus les effets sont spectaculaires, à tel point que les architectes prévoient maintenant la tenue du navire et le comportement de l'habitacle la tête en bas. Mais même alors, le sort de l'équipage reste une loterie. Au début de cette surenchère, sur un voilier de taille encore modérée, le Français Thierry Dubois a battu une espèce de record en la matière puisqu'il a été victime de cinq chavirages successifs dans la même course, et s'en est tiré par miracle.

Ce jeune fondu de marine de 27 ans, qui a déjà quelques succès à son palmarès, prend le départ de la troisième édition du Vendée Globe en novembre 1996, sur un bateau qui, une fois n'est pas coutume, ne porte pas le nom d'une marque de lessive. *Pour Amnesty International* est un monocoque de 20 mètres et pour Thierry Dubois, c'est sa première course en solitaire. Elle commence mal. Tout débordant de fougue, alors qu'il caracole en tête dès les premières heures de la course, paf, il tape sur une épave, et doit retourner au port de départ pour réparer. Il repart, du coup en queue du peloton, remonte son handicap, rattrape les derniers, et repaf, au large de l'Afrique, il entre en collision avec une baleine. Au bord d'abandonner devant ces mauvais augures, il décide néanmoins de rejoindre Le Cap pour réparer, et de continuer la course hors compétition, puisque l'assistance en cours de route est éliminatoire. Le voilà reparti. Si, sur l'itinéraire de l'Atlantique sud les tempêtes relèvent du train-train quotidien, celle qui l'attend au tournant est partie pour dépasser les moyennes.

Quand en janvier 1997, le skipper atteint la hauteur des îles Kerguelen, des vagues de 20 mètres et des vents à 150 kilomètres à l'heure jouent avec le bateau comme une bille dans une essoreuse. Le misérable humain, tout petit là-dedans, a tout bien fait comme un bon pro, il a mis à la cape, il a remballé le moindre mouchoir de toile, s'est réfugié à l'intérieur, mais ça ne suffit pas. Une déferlante coquine prend le voilier par l'arrière et le retourne comme un Flanby. Le marin à l'envers, au milieu de tout son attirail répandu au plafond, a juste le temps de reprendre ses esprits, de vérifier qu'aucune voie d'eau ne remplit la cabine, qu'il se sent ressaisi par la grande balançoire. Ce qu'une déferlante a fait, une autre déferlante le défait, un contre-chavirage le remet dans le bon sens. Quand le skipper constate que ses pieds – en même temps que tout le contenu de ses placards – ont retrouvé le plancher, il sort la tête sur le pont et considère les dégâts. Bien sûr, l'immense mâture a explosé mais le bordé n'est pas endommagé ; dedans, les émetteurs radio ont pris l'eau, il ne lui reste plus qu'une balise de détresse. Il hésite un peu avant d'appeler la cavalerie lourde, peut-être la mer va-t-elle se calmer, et pourra-t-il monter une voile de fortune. Il décide d'attendre quelque temps en s'enfermant dans le cockpit, où il commence à ranger le foutoir. Mais la mer ne se calme pas. Au contraire. Après quelques heures, le marin sent de nouveau le bateau s'incliner dangereusement, le plancher des vaches devenir plafond des araignées, c'est parti pour un deuxième chavirage. De nouveau, le gymnaste fait un roulé-boulé sur les parois, retient son souffle en voyant les poissons passer devant ses hublots. Comme le bateau a gardé sa quille, l'énergie cinétique continue à le pousser sur sa lancée et il reparcourt 180°. Le voilà de nouveau à l'endroit. Ce coup-ci, c'est le gouvernail qui a tout pris et le bateau n'est plus orientable : le voilà comme un bouchon dans l'eau de vaisselle. Là-dessus, la nuit tombe. Le marin la passe crispé sur sa couchette mais dans le bon sens, sa combinaison de survie en guise d'oreiller. La tempête n'a toujours pas faibli.

Quand le jour se lève, une gigantesque cataracte retentit en guise de réveil, coucou, revoilà la déferlante et roulez jeunesse, c'est reparti pour la galipette ! Le trapéziste malgré lui, qui commence à avoir l'habitude, n'en fait pas une affaire – finalement, c'est comme se retourner dans son lit sans avoir à bouger –, mais que se passe-t-il cette fois-ci ? La tête en bas, le bateau ne repart pas dans l'autre sens. La balançoire est-elle grippée ? Assis sur son plafond, Dubois attend qu'une vague défasse le boulot de la précédente, mais au bout de trois heures, le bateau joue toujours au poirier sans signe de lassitude, il semble s'être retourné pour de bon. Finis les espoirs de bricolage, ce coup-ci, il faut appeler au secours. Le naufragé décide de déclencher sa balise de détresse, mais problème, elle n'émettra pas de l'intérieur, il faut la sortir pour que le signal passe. Il entreprend donc de s'extraire de son abri précaire, passe la combinaison de sécurité et se jette dans le chaos liquide. Là, les calamités s'enchaînent : son radeau de survie qu'il avait pris avec lui se gonfle inopinément et est emporté par le vent, il ne peut pas tenir sur la quille renversée, et les vagues l'empêchent de revenir à l'intérieur du bateau. Le voilà en train de patauger dans une eau à 3 ou 4 °C, abruti par les déferlantes et le vent hurlant, désespérément accroché au gouvernail cassé, mais il fatigue, et chaque paquet de mer devient plus douloureux, il va bientôt lâcher, la situation devient vraiment critique. Et là, comme dans un scénario mal écrit par un scénariste débutant, au moment où il croit que tout est foutu, il entend un bruit d'avion. Vous me réécrirez ça, Kevin, c'est vraiment cousu de fil blanc, votre histoire.

C'est pourtant une espèce de miracle. L'aéronavale australienne l'a localisé grâce à sa balise alors que les pilotes cherchaient un autre naufragé dans le secteur, Tony Bullimore. L'avion largue à Dubois deux radeaux de survie gonflables. Le premier coule à pic sans se gonfler, le deuxième se gonfle mais s'éloigne, poussé par le vent. Devant un choix racinien (pour changer de Corneille), le moribond prend une décision décisive : il lâche son voilier et pédale dans le potage jusqu'au boudin orange, qu'il arrive à atteindre à bout de forces. Il se hisse dessus et découvre avec accablement que l'autre moitié est déchirée. Un demi-radeau, c'est mieux que pas de radeau du tout, Dubois se résigne à attendre les secours, emmitouflé autant que faire se peut dans sa bouée-canard boiteux au milieu des montagnes liquides. Mais une vague primesautière passant par là se trouve encore d'humeur mutine : elle s'amuse à saisir le tableau, naufragé, boudin, demi-radeau, et à l'accrocher dans l'autre sens, pour voir ce que ça fait. Et de quatre. Le radeau se retrouve à l'envers, son occupant de nouveau à la baille, à moitié assommé par la bouteille d'air comprimé qu'il s'est pris sur la tronche au passage, mais un ultime réflexe lui a fait saisir un bout du lambeau. L'avion repasse, parvient à repérer le radeau chaviré et en largue un autre, pas bégueule (ces Australiens sont prévoyants). Lequel se gonfle correctement, et le naufragé parvient enfin à se hisser à l'intérieur. Il y a là de quoi voir venir, eau, vivres, en attendant les secours, mais dans cette fragile pochette en plastique, le malheureux passager se trouve mille fois plus à la merci des tourments de la tempête que dans son épave à la ramasse. Et justement, à peine commence-t-il à reprendre ses esprits en écopant l'eau qui clapote au fond du radeau, qu'une nouvelle déferlante le retourne comme un vieux pâté de sable. Et de cinq. Revoilà notre Ulysse dans l'eau, son vaisseau à l'envers. L'espoir donne de la ressource. Se débattant dans le maelström obscurci par la nuit tombante, Dubois parvient à s'approcher de l'esquif retourné, et à s'y accrocher. S'aidant du vent, il accomplit la prouesse de le refaire basculer dans le bon sens, et se traîne péniblement à l'intérieur, il est sauvé pour la troisième fois. Après deux autres nuits d'attente, une frégate australienne arrive sur zone, et un hélicoptère récupère le miraculé.

À la suite de ce record, pas encore battu à cette heure, Thierry Dubois a abandonné la voile. Il tient un manège à la Foire du Trône : le Culbuto de la Mort.

Peter Blake, au quatrième top (2001)

De tout temps sur toutes les mers, les pires empêcheurs d'aventurer en rond ont été les pirates. Plus imprévisibles que les tempêtes, plus impitoyables que les avaries, plus préjudiciables que les accidents, les pirates ont constitué un fléau permanent pour toutes les activités maritimes humaines, avec des fluctuations selon les époques et les régions, mais florissant partout là où s'unissent la misère et la cupidité. S'ils représentent pour le marin marchand une perte sèche d'exploitation, ils marquent souvent pour l'aventurier la fin prématurée de l'aventure en même temps que son acmé la plus dramatique.

Mais lorsqu'ils s'attaquent à une célébrité planétaire, représentant une cause écologique majeure, sur un bateau de légende devenu icône de l'exploration, quand la pointe de l'aventure technique, politique et sportive se retrouve face à la manifestation la plus brutale d'une barbarie archaïque, la confrontation est vertigineuse.

En 1997, un des skippers les plus célèbres du monde, le Néo-Zélandais Peter Blake, vainqueur d'une tripotée des courses les plus célèbres du monde, anobli par la reine d'Angleterre, abandonne la compétition et rejoint la société de feu l'explorateur le plus célèbre du monde, Jacques-Yves Cousteau, pour prendre le commandement du voilier le plus célèbre du monde, l'ex-*Antarctica* ex-*Tara* de Jean-Louis Étienne, rebaptisé pour l'occasion *Seamaster*. Et tout ce concentré de célébrité mondiale pour se mettre au service de la cause la plus urgente du monde : la lutte contre le réchauffement climatique. Dans le cadre d'un programme environnemental des Nations unies, le Néo-Zélandais va trimballer sa goélette high-tech garnie d'une escouade de scientifiques, de la banquise aux touffeurs équatoriales, sans jamais trop s'éloigner du faisceau des projecteurs, tribut de la célébrité et gage de financement.

Ce mois de décembre 2001, *Seamaster* vient d'achever un voyage d'étude sur les conséquences de la pollution le long du fleuve Amazone, au Brésil. Entre les chercheurs d'or clandestins, les trafiquants de drogue, les contrebandiers de tous poils et les exploitants illégaux de la forêt, la zone n'est pas sans risques mais l'équipage, rompu à l'aventure, est resté sur ses gardes tout le temps de la descente. Maintenant que le bateau atteint l'embouchure du fleuve, à la fin de son périple, il mouille en amont du delta, au large de la ville de Macapá, en attendant les formalités douanières. La tension s'apaise et les dix occupants se relaxent un peu.

Mais sur la rive, les loustics de Macapá repèrent cette nef inusuelle ancrée au large, qui a toutes les apparences d'un voilier de luxe rempli de gras touristes pleins aux as. Vers les 9 heures du soir, un Zodiac portant six hommes masqués et armés part à l'abordage du *Seamaster*. Le Zodiac se met à couple, les gouapes sautent sur le bateau et menacent l'équipage de leurs armes.

Le lord capitaine, qui a affronté les pires tempêtes du monde et a failli mourir cent fois dans les challenges les plus âpres, ne va pas se laisser impressionner par une brochette de petits loubards des mangroves. Dès qu'il comprend l'attaque, il saute dans le carré, se saisit d'un fusil et sort sur le pont. Échange de coups de feu, il atteint un assaillant à la main mais le fusil s'enraye. Les pirates n'attendent pas la réparation, l'un d'eux défouraille, descend le navigateur, et blesse deux de ses équipiers. Le chevalier des mers meurt sur le coup, victime d'une misérable virée crapuleuse, il avait 53 ans.

Les assaillants, maîtres du bateau, se servent parmi tous les équipements nautiques haut de gamme, mais la plupart étant difficiles à emporter, ils ne font main basse que sur les quelques liquidités qui traînent, un moteur hors-bord, quelques bricoles, sans oublier les montres. Et si les pirates perdent du temps à dégarnir les avant-bras de leurs victimes, surtout à l'époque des camelotes chinoises qui garnissent nombre de poignets sur la terre dont le mien, c'est qu'ils ne se trompent pas sur la qualité.

Curieusement, et j'en fus le premier surpris, si vous tapez « Peter Blake Seamaster » sur Google, les dix premières références ne renvoient pas à l'histoire du navigateur, ni du bateau, ni même de sa fin tragique, mais à une montre. Explication : quand vous entrez dans le gotha des cent plus fameuses célébrités mondiales, des sociétés de prestige vous sollicitent pour utiliser votre nom afin d'unir votre prestige personnel au leur (les consommateurs de luxe aiment bien les écrins prestigieux). C'est ainsi que la société suisse de montres de luxe Omega demande au champion de prêter son nom pour un modèle estampillé inséparable du baroudeur au regard fier qui relève tous les défis dans la colère des éléments, étanche, indestructible et chic, même si la plupart de ces spécimens n'auront pas souvent l'occasion de barouder. Il semble que le destin des aventuriers modernes soit de passer par les bureaux des grosses sociétés : Peter Blake n'y a pas vu d'inconvénient, d'autant que le chèque correspondant est de prestige aussi, surtout pour un travail dont l'essentiel de l'effort consiste à dire oui.

La montre Omega Seamaster Sir Peter Blake's Choice tourne autour de 3 000 euros selon les versions, avec des modèles qui vont jusqu'à 7 000 euros. Et les accros des tocantes se les arrachent. J'ignore si tous les marins du voilier portaient ce genre de babiole, mais 7 000 euros une montre, ça laisse rêveur, quand, à l'époque, le revenu mensuel dans les favelas était de quelques dizaines d'euros… Il n'y a pas que dans les pressions atmosphériques que les différences de niveaux sont propices aux cyclones.

Les années suivantes, la goélette a de nouveau changé de propriétaire, mais pas de campagne. Elle navigue toujours pour la défense de l'environnement, une croisade terriblement bien portée dans le milieu vestimentaire, puisque sa nouvelle propriétaire est la styliste des grandes causes, Agnès b., laquelle lui redonne à l'occasion un de ses anciens patronymes, *Tara*. Comme agnès b. est une marque élégante mais pas luxueuse, on ne risque pas de voir apparaître la petite culotte « Tara agnès b. » incrustée de saphirs, c'est toujours ça. Quoi qu'il en soit, la croisière écologique de *Tara* continuera de plus belle pendant la décennie suivante, à la hauteur des ambitions de son défunt capitaine. Les pirates ont été retrouvés et arrêtés par la police trois jours après les faits, de jeunes délinquants du coin qui se faisaient appeler « *O ratos d'agua* ». Si les enquêteurs ne se sont pas trompés, et si les aveux étaient authentiques, les coupables sont toujours derrière les barreaux à l'heure qu'il est. Un autre genre d'aventure.

LES RATÉS DE L'AVENTURE MÉDIATIQUE

Dans nos temps où il n'y a plus rien à explorer, plus rien à découvrir de notre bonne vieille planète, où l'humain a définitivement remporté la victoire sur l'animal et la nature qui lui résistaient encore, où les croisières Costa mouillent au pôle Nord, où le Club Med ouvre un village au pôle Sud, où les déchets de plastique ont remplacé le plancton, l'aventure, il faut la pousser du coude, car le public perpétuellement avide, réclame toujours sa dose de frisson. Alors, soit les professionnels de l'image vont chercher le risque là où il est, dans les régions en guerre, soit ils le recréent artificiellement. Quelques bûches mémorables nous rappellent que le risque se réveille parfois là où on ne l'attend pas.

Le pinard de Schanberg (1975)

Un prof de photo, blême et chenu, au fond d'un labo d'apprentissage désert, m'a raconté cette curieuse histoire. Quand il était jeune, dans les années 1970, il travaillait à Phnom Penh, dans ce Cambodge alors convulsif qui partageait les affres de la guerre du Vietnam. Là, il fait la connaissance de deux Américains, journalistes-photographes correspondants de guerre, venus respirer à Phnom Penh l'odeur du scoop, de la poudre et de l'aventure. Il noue des relations amicales avec l'un d'eux, aiguillées par l'intérêt professionnel commun. Dans leurs discussions à propos de la photographie, il apprend une astuce à son interlocuteur américain : le vin blanc de mauvaise qualité peut parfaitement servir de fixateur pour le papier des photos argentiques, à cette époque seul support en usage. En effet, les vins blancs bas de gamme contiennent beaucoup d'hyposulfite de sodium, le truc qui donne mal à la tête quand on en boit trop (d'où le sage conseil de ne se saouler qu'avec du pouilly-fuissé). Or cet hyposulfite de sodium, qu'on appelle de nos jours « thiosulfate de sodium », constitue le principe actif du liquide fixateur qui, lors des tirages de photos, permet à celles-ci de garder l'image permanente sur le papier après le passage de ce dernier au révélateur. Le Français affirme s'en servir couramment, vu que c'est moins cher que le fixateur industriel. Puis le temps passe, les périodes rapprochées d'ennui et de tension éprouvent les nerfs, et les relations entre les deux Occidentaux se dégradent, au point qu'ils en viennent aux mains lors d'une altercation à l'issue d'une soirée arrosée. Les deux hommes ne se voient plus. Et le Français regagne l'Europe.

Il oublie presque l'anecdote quand, une dizaine d'années plus tard à Paris, lors d'une sortie au cinéma pour voir le dernier film dont on parle, *La Déchirure*, qui relate l'arrivée au pouvoir des Khmers rouges au Cambodge, une scène très particulière ravive ses souvenirs et lui révèle un prolongement inattendu de ses conversations avec l'Américain.

En Asie, juste après son départ, les événements s'étaient accélérés. La guerre du Vietnam qui a débordé chez le voisin tourne au désastre pour les Américains, et les communistes prennent la capitale cambodgienne. Dans la ville livrée aux Khmers rouges, l'ex-ami du Français, celui-là même avec lequel il s'est frité, fait partie des correspondants américains restés sur place. De l'aventure, il en a enfin pour son compte, et même plus qu'il n'en voudrait. Il s'appelle Sydney Schanberg, et va devenir célèbre grâce précisément à *La Déchirure*. Dans le film, tout comme dans la réalité, lorsque les ressortissants occidentaux se retrouvent cloîtrés à l'ambassade de France où ils ont trouvé refuge, le photographe entreprend de fabriquer à l'arrache des faux papiers français pour son assistant cambodgien, nommé Dith Pran. Ses collègues parviennent à falsifier un vrai passeport, il ne manque que la photo. Ça tombe bien, c'est son job : il dispose d'appareils photo, de pellicule, mais doit improviser un labo photo (péripétie qui n'est pas explicitée dans le film). C'est alors qu'il se rappelle l'astuce apprise auprès du Frenchy et il demande au personnel de l'ambassade s'ils ont du vin blanc dans leur cave. La légation française en possède un stock, et de haute qualité, pour les repas diplomatiques ; elle manque de tout pour ses hôtes forcés, sauf de vin, on est en France, après tout. Schanberg s'exécute, parvient à développer et à tirer la photo d'identité, la colle sur le passeport, et la suite tragique filmée dans une scène d'anthologie correspond à la réalité : au moment délicat du contrôle khmer rouge, la photo s'efface, le fugitif est arrêté. Mais contrairement à ce qu'on entend dans le film, ce n'est pas la mauvaise qualité du papier qui est en cause, c'est celle du fixateur : l'astuce du Français était-elle foireuse ?

Il manque dans le scénario l'explication pratique que me livre le vieux prof, protagoniste de l'affaire malgré lui : le vin blanc de l'ambassadeur, destiné aux banquets et réceptions des hôtes de la France, c'est pas de la piquette. Que des meursault, chablis et autres côtes-de-nuit, breuvages fins pour gosiers privilégiés, par là même pauvres en hyposulfite de sodium. Cruellement pauvres, et donc inaptes à remplacer un fixateur. J'avais beaucoup aimé *La Déchirure*, l'avais revu plusieurs fois, et là, au fond de ce labo vide, trente ans après la sortie du film, j'avais droit à un de ces bonus inattendus et précieux que l'on trouve dans les coffrets DVD quand des films célèbres ressortent en édition spéciale : le ratage d'un photographe-baroudeur avait empêché le sauvetage d'un fugitif cambodgien, mais accouché d'une scène culte.

Enfin, l'histoire ne dit pas si on peut boire du fixateur à l'apéro.

***

Correspondant de foire

De Robert Capa à Jean-Louis Calderon, les reporters de guerre qui ont suivi le vent de l'aventure jusqu'au risque en trop sont légion. Rendons quand même au passage un hommage appuyé à Ryszard Kapuściński, correspondant d'un journal polonais, qui séjourne par hasard au Honduras lors du déclenchement de l'invraisemblable « guerre du foot » en 1969. Quand le Salvador déclare la guerre à son voisin à la suite des matchs éliminatoires de la coupe du monde, le Polonais ravi comprend qu'il est le seul journaliste sur le scoop de l'année, il se précipite au front avec ses appareils et son brassard de presse… et découvre, abasourdi, un détail imprévu : de même langue, de même culture, de même origine ethnique, les Honduriens et les Salvadoriens portent quasiment le même uniforme et poussent le mimétisme jusqu'à posséder le même drapeau, à une pétouille près.

Entre les canardages confus des deux troupes ennemies, où se mélangent les milices respectives, Kapuściński a du mal à savoir de quel côté il se trouve, et à plusieurs reprises, ignore quelle armée il accompagne. Il doit demander aux soldats, eux-mêmes un peu perdus, de quel bord ils sont. Et pour compliquer l'affaire, le journaliste est correspondant d'un pays du pacte de Varsovie, alors que les deux belligérants ont aussi en commun une hystérique horreur des communistes. Mal à l'aise dans ses rangers, le reporter appréhende les contrôles, mais les militaires débordés ont tellement de mal à lire son nom sur sa carte de presse, qu'une fois sur deux, ils le laissent partir. Par bonheur, comme le ridicule tue plus efficacement que les roquettes, cette guerre ne dura que trois jours, et le journaliste égaré n'eut même pas le temps d'être rejoint par ses concurrents avant qu'un cessez-le-feu ne soit conclu.

De Dieuleveult, la chasse au retors (1985)

Dans la série d'émissions « tranquille-chez-soi-à-regarder-des-aventuriers-s'échiner-pour-notre-plaisir », nul doute que le jeu télévisé *La Chasse aux trésors* sur Antenne 2 dans les années 1980 fut l'un des ancêtres fondateurs. Des candidats en studio à Paris devaient, en résolvant des énigmes, aider un aventurier envoyé par l'émission, à trouver un trésor caché dans les endroits les plus hétéroclites de la planète. L'aventurier idéal, jeune, télégénique, viril, sportif et rigolo déniché par le casting de la production s'appelait Philippe de Dieuleveult. Suspense, action, risques, exotisme, bouquet de moteurs rugissants, bagnoles, motos, hélicoptères, l'émission avait tout pour plaire, elle fit un carton de 1981 à 1985, passant de l'après-midi au prime time du dimanche, propulsant son globe-trotter surmultiplié au grade d'idole des baroudeurs en charentaises.

Mais le succès lui monte aux pectoraux, et voilà que la désormais star réclame un deuxième hélicoptère pour filmer ses pirouettes. Là, la chaîne renâcle. Un hélicoptère, c'est très cher, et même si l'émission ramène des parts de marché, Mister Surhomme doit calmer ses exigences. Elle refuse, et le héros vexé claque la porte. Mais la boîte à aventuriers est pleine, il suffit de tourner la molette, il sera remplacé aussi sec.

L'année suivante, l'animateur qui n'a plus rien à animer décide de participer à une première en rafting, sur le fleuve Congo, que le potentat local, un certain Mobutu, avait alors renommé Zaïre. L'expédition *Africa*

Raft, composée de deux grands canots pneumatiques et d'une dizaine de participants, entend descendre les rapides d'Inga, dont la réputation d'infranchissabilité fait autant frémir les pros du rafting que les chasseurs de mots horribles.

Les rapides d'Inga sont à l'image d'un des plus grands fleuves du monde à son maximum de débit : monstrueux. Des courants apocalyptiques, des vagues de plusieurs mètres, jamais aucune embarcation n'a pu les descendre en arrivant entière au bout, voilà un vrai défi pour notre mâle conquérant, sans compter que derrière les dangers mortels qui l'attendent à tous les rochers, se profile une première mondiale au retentissement international.

Monstrueux à ce point que, ce 6 août 1985, quand les deux gros Zodiac sont parés à partir sur les berges, dans le bruit du fleuve qui gronde, deux membres de l'expédition, pourtant sportifs éprouvés, se dégonflent. L'affaire leur semble décidément trop dangereuse et ils décident de rester à terre. Ils ont raison. Les deux Zodiac s'éloignent avec leurs sept occupants, on ne les reverra plus vivants, et on ne les reverra plus tout court, pour la plupart d'entre eux.

C'est à partir de là que l'histoire devient filandreuse, car sur cette catastrophe prévisible se greffent aussitôt de lourds soupçons pour des raisons aussi diverses qu'avérées :

– La région est stratégique. Il s'y trouve deux grands barrages sur le fleuve Congo, Inga 1 et 2, qui fournissent une bonne quantité de l'énergie du pays. Pour toutes les rébellions armées, endémiques au Zaïre, ils constituent une cible de choix.

– L'armée de Mobutu qui garde la zone, aussi pléthorique que mal payée, sauf les unités d'élite proches du président, n'est pas au top de la compétence militaire, mais ça, c'est un secret pour personne.

– Le vrai secret par contre, qu'on ne découvrira que progressivement, c'est que de Dieuleveult était membre des services secrets français. Star de la télé et espion, voilà deux casquettes assez rarement réunies, mais n'est pas surhomme qui veut. Capitaine de réserve de la DGSE, il n'était pas en service ni en mission à l'époque de l'expédition, comme l'ont toujours affirmé ses supérieurs, mais ils disent ce qu'ils doivent dire, et les supputations les plus sulfureuses sont tentantes, surtout dans ce contexte. Le régime de Mobutu est une immense salade de corruption, de prévarications, de complots, de doubles jeux sanglants, arbitrés par un autocrate versatile qui joue avec les alliances occultes, privilégiant l'un ou l'autre dans la ronde des clans et des gros intérêts étrangers, belges, français, anglais, américains…

Sur les sept disparus, on n'a retrouvé qu'un seul corps, et l'enquête officielle des autorités zaïroises, puis françaises, qui conclut à l'accident, est très vite battue en brèche.

Il s'est passé plus de trente ans depuis les disparitions, Mobutu a rejoint le tri sélectif de l'histoire, le Zaïre est redevenu Congo, le cortège de tueries et de misère n'a pas beaucoup changé, mais pour l'affaire de l'*Africa Raft*, ces décennies de recul n'ont fait qu'accumuler les suppositions, chaque nouvelle révélation apportant son lot de confusion supplémentaire. Découvertes vraies ou fausses, détails inexplicables ou controuvés, témoignages vrais ou faux de militaires, de fonctionnaires, d'ex-officiers ou de simples pékins, enquêtes journalistiques honnêtes ou biaisées, du meurtre politique au règlement de comptes interne à la DGSE, chacun y va de sa théorie, de sa conviction, de son scoop. La disparition de Dieuleveult et de ses compagnons reste de nos jours si embrouillée que trois thèses rivalisent chez les spécialistes de l'affaire, et les controverses sont loin d'être éteintes.

1) L'assassinat : l'animateur, en mission pour les services secrets français, devait espionner, au choix, le barrage, les techniques de rapiéçage des uniformes zaïrois, ou la sexualité des crocodiles. Le contre-espionnage mobutuesque a profité de la descente des rapides pour l'enlever, le torturer et le tuer en l'étouffant avec du mafé au manioc mal cuit, lui et ses copains. C'est la thèse qui prenait le dessus dans les années 2000, mais le document sur lequel elle s'appuyait a été démontré faux.

2) La bavure : l'expédition avait toutes les autorisations et même l'appui du président Mobutu. Mais les soldats qui gardaient le barrage étaient des jeunes recrues inexpérimentées à la détente facile. Pas prévenus, ils ont pris les deux Zodiac pour une escadre de la marine chinoise venue attaquer les installations. Ils ont tué ceux qu'ils prenaient pour des mercenaires et ont jeté leurs corps dans le fleuve quand ils ont compris qu'ils avaient fait une boulette.

3) L'accident : frappée du sceau de l'évidence bien qu'elle fût la thèse officielle, cette explication finit par s'imposer par sa bête simplicité. À en croire les spécialistes du dossier ainsi que les survivants de

l'expédition, il n'y a pas besoin de complot ou de rafales pour expliquer la mort des sportifs, il suffit de regarder les rapides d'Inga. Quant à la disparition des corps, crocodiles et poissons carnivores du fleuve Congo sont, paraît-il, d'une redoutable efficacité.

Quoi qu'il en soit, Philippe de Dieuleveult a réussi le prodige de garder les projecteurs braqués sur lui, même après sa mort.

Steve Irwin, je l'attrape par la queue (2006)

Si l'Australien Steve Irwin est devenu une star planétaire avec ses émissions animalières diffusées dans cent trente pays, c'est qu'il représentait l'extrait de concentré de tout ce qui peut plaire au public le plus large sur la terre, toutes cultures confondues. Il partait gagnant sur tous les tableaux : d'abord, il avait une bonne tête souriante de gros benêt bien mignon mais très costaud, et tout le monde aime les gros mignons costauds. Puis il aimait les bébêtes, et tout le monde aime les gens qui aiment les bébêtes. Puis il était écologiste sans faire de politique, sauf contre ce qui est vilain pour la planète, et tout le monde aime les écologistes qui ne font pas de politique sauf contre ce qui est vilain pour la planète. Puis il était expert des créatures qu'il aimait par-dessus tout, les pires de la création, les plus gros et les plus dangereux des reptiles, crocodiles, pythons, boas, etc., avec lesquels il prodiguait le frisson du risque et de l'aventure, et tout le monde adore les savants qui affrontent le risque et l'aventure avec des sujets d'étude horrifiques. Enfin, il était entouré d'une équipe de collaborateurtrices superjeunes, superbeaux, supersympas, qui ne rechignaient pas à se faire bouffer une jambe ou l'autre en cas de nécessité, et tout le monde aime les stars entourées d'une équipe supersympa, prête à tout pour conquérir l'audience.

Entouré d'écailles depuis sa tendre enfance – son père herpétologue et sa mère écobiologiste avaient fondé le premier zoo de reptiles d'Australie –, il rencontra l'illumination à 9 ans, le jour où on lui raconta la vanne immortelle assurant qu'il est inutile de différencier les gavials des alligators, vu que c'est caïman pareil. Après l'avoir couronnée chef-d'œuvre mondial de l'humour universel, et l'avoir répétée dix fois par jour à son entourage en faisant fuir ses petites amies, il décida de passer à la vitesse supérieure.

Dès qu'il eut l'idée de se filmer en train de s'entraîner au kung-fu avec les lézards de ses parents, de les peigner, de les traire, de leur cirer les écailles, ou de leur susurrer des mots d'amour, il rencontra le succès. Le principe de son émission *The Crocodile Hunter* reposait sur les piliers inaltérables de deux dentitions : celle des bestioles qu'il tenait dans ses bras, capables de découper un caméraman en une bouchée, et la sienne propre, illuminant les écrans LCD par la charismatique blancheur de son sourire. Heureusement que la télé odorante n'existait pas, car les téléspectateurs auraient découvert l'haleine insoutenable des gros reptiles carnivores, ainsi que le mauvais goût de l'animateur pour les eaux de toilettes.

Toujours est-il que d'émission en émission à partir de 1992, sa célébrité grandit, à l'instar d'un Cousteau des marigots. Le pli était pris, le cliché du gros musclé bonasse mais malin en train de défier le danger pour la bonne cause en roulant des pelles à des animaux aussi gros que venimeux que répugnants, tous reptiles géants, serpents mortels, araignées tueuses, requins mangeurs d'hommes, secouant l'audience lourde d'un sentiment mêlé de sympathie et de répulsion, à doses bien calculées. Il devint le baroudeur des mâchoires broyeuses, l'explorateur des dards meurtriers, le chatouilleur des glandes à venin. S'il avait existé une espèce de canari géant mangeur d'hommes, Irwin aurait ajouté le domptage de canaris à son palmarès. Et le zoocabotin réussit la prouesse paradoxale d'apparaître comme un apôtre de l'écologie et de la défense de la nature sauvage, alors même qu'il passait son temps à aller emmerder des bestiaux qui ne demandaient qu'à vivre tranquilles.

Et le triomphe s'enfla encore quand il prit femme, aussi jolie que bonne gestionnaire, encore un jackpot sur deux tableaux : les gens en général, et les paparazzis en particulier, aiment bien les stars qui ont une belle femme et de beaux enfants. Et ça ne gâche rien quand elles ont le sens des affaires. Même si quelques mauvais esprits trouvèrent à grincer quand le papa prodigue se filma en train de nourrir ses monstres, son bébé dans une main, un morceau de barbaque dans l'autre, s'il s'était trompé de bras, ça aurait fait une superséquence de bêtisier. Il lança à la même époque la vogue des « LOL crocodiles », partages sur Internet de photos hilarantes de crocodiles dans votre slip, derrière votre volant, dans le lit avec votre conjoint, avec la queue de votre chien dépassant de leurs mâchoires, tombés dans la piscine avec votre belle-sœur, bref, grâce à lui, le crocodile devint un vecteur porteur, un argument de vente, un générateur d'audience, jusqu'à fabriquer des crocodiles en peaux de sacs. Nonobstant le fait que son sponsor principal n'était pas Lacoste, mais Toyota. L'engouement télévisuel dans son pays devint ferveur, et le succès international de ses émissions fit d'Irwin l'ambassadeur quasi officiel de l'office du tourisme australien dans le monde.

Or, au sommet de sa gloire, il advint qu'un des animaux importunés en eut marre. Comble de l'ironie, ce ne fut pas un crocodile. La raie est en général un poisson paisible et inoffensif, la lenteur gracieuse de ses mouvements la rendant propice aux promiscuités intrusives des plongeurs, qui n'aiment rien tant que de l'accompagner, la caresser, voire l'enfourcher pour faire du surf, putain Ghislaine, t'as raté la photo ! Mais il en est une, hargneuse et vindicative, avec laquelle ces papouilles ne marchent pas. La raie pastenague possède un dard très venimeux, et quand on lui casse les gonades, elle hésite d'autant moins à s'en servir qu'il s'agit d'un arc réflexe : si on lui marche sur les nageoires, elle pique. Et vu le mode de camouflage des raies, qui s'aplatissent sur le fond en se recouvrant de sable, ça n'a rien d'une métaphore. C'est la raison pour laquelle les raies pastenagues ne sont pas les amies des stations balnéaires : n'importe quel baigneur peut leur marcher dessus et se retrouver aux urgences, heureusement c'est assez rare. Car, horriblement douloureuse, si la piqûre d'une raie n'est pas systématiquement létale, elle peut le devenir en certaines circonstances (infection, organe vital atteint, etc.).

Comme toute grosse créature à aiguillon mortel, celle-ci devait attirer un Steve Irwin un jour ou l'autre. En septembre 2006, son équipe de production investit un récif de la barrière de corail au nord-est de l'Australie pour filmer l'animateur en train de vendre une rénovation de fenêtres à une raie tranquillement installée devant sa télé. Les caméras démarrent, action, le trompe-la-mort qui avait titillé tous les dards empoisonnés du monde n'a même pas le temps de se présenter qu'il se retrouve avec l'aiguillon dans le thorax. Dans la région du cœur, là où il ne fallait justement pas. La mort de l'animateur a été intégralement enregistrée. Si sa femme Terri a assuré par la suite que les films avaient été détruits, c'est qu'elle était la mieux placée pour savoir la tentation irrésistible que pouvait constituer cette séquence pour tout responsable de média moderne normalement constitué et soucieux de la santé financière de son entreprise.

La mort d'Irwin fut ressentie comme un drame en Australie, le gouvernement proposa un deuil national et, dans le monde entier, ses nombreux fans, qui attendaient depuis dix ans qu'il se fasse bouffer un jour par un de ses crocodiles, pleurèrent de déception. Les seuls à en rire furent les voyous auteurs de la série *South Park* qui représentèrent plusieurs fois son personnage avec une raie plantée dans la poitrine. Et tous ses concurrents dans l'éco show-biz pleurèrent la mort du chasseur de crocodiles avec des larmes de, euh... poisson rouge.

Dropped, Hélice au pays des merveilles (2015)

La fin du XXe siècle et le début du XXIe ont vu arriver dans les télés le succès croissant des jeux de téléréalité sur zone : on est devant son écran, une bière à la main, en train de regarder d'autres faire semblant d'avoir peur en crapahutant dans des endroits impossibles où on n'ira jamais. Presque toutes les télés du monde produisent ces émissions frissonnantes dont la sauce est plus relevée quand y participent les stars du moment.

Et puis un jour, le risque inhérent à ladite aventure, à l'impondérable, à l'aléatoire, s'invite sur le plateau en rappelant qu'il n'est pas gratuit, qu'il n'est pas toujours contrôlable, que ses surprises sont toujours prêtes derrière le rideau, et qu'au bout du compte, des peaux peuvent y rester. L'émission de téléréalité d'origine suédoise *Dropped* relevait de ce genre de productions, dont Koh-lentille est actuellement le prototype le plus populaire. Le principe de *Dropped*, qui veut dire « largués », était de déposer en pleine nature des stars censées se trouver les plus aptes aux défis physiques, puisqu'il s'agissait de champions sportifs[1]. Une fois abandonnés dans des endroits garantis sauvages pleins de bébêtes et d'épines, les champions devaient rejoindre la civilisation sans carte ni boussole, épreuve par laquelle est passé tout vrai aventurier honnête couvert de sueur à traçabilité garantie. En 2015, la chaîne française TF1 lança la production du jeu,

1. Alors que c'est le contraire : y a pas bibelot plus fragile que les sportifs haut de gamme.

sa diffusion étant prévue pour l'été. Huit champions célèbres, chouchous des Français, avaient été recrutés, de toutes disciplines, allant du foot au vélo en passant par la voile et le patinage artistique, et le tournage était prévu en Argentine où, entre les horizons infinis de soja transgénique, on trouve quelques lambeaux de nature qui ressemblent à du sauvage et suffisamment exotiques pour une émission de ce coût en prime time.

Le plus singulier de l'affaire fut que la catastrophe survint non à cause du jeu lui-même, non à cause de dangers courus dans les péripéties haletantes, mais à cause d'une triviale mésaventure de coulisses, un simple accident de transport, même s'il ne s'agissait pas de Twingo mais d'hélicoptères. Le premier épisode avait été mis en boîte, c'est tout bon ça roule ma couille, un des joueurs avait été éliminé comme le prévoyait la règle, le footballeur Wiltord rentrait chez lui la tête basse et on avait lancé le tournage du deuxième volet, ce 9 mars 2015. Un hélicoptère transportait les concurrents yeux bandés comme pour colin-maillard – on les avait même fait tourner sur eux-mêmes pour les désorienter, sont-ils farces ! –, un deuxième hélicoptère filmait le premier, on n'avait pas bandé les yeux des pilotes, semble-t-il. Les deux appareils argentins de type Écureuil, dont l'un, aéronef d'État prêté par la région, avaient décollé du village de Villa Castelli, dans les contreforts de la cordillère des Andes, pour transporter les joueurs sur les lieux de l'action. En l'occurrence les deux engins revenaient vers le village, sans doute pour tourner des plans de coupe ou autre.

Ce n'est pas tous les jours que la France perd d'un coup un peloton de tête de ses champions, trois lumières des podiums mondiaux, surtout pour les besoins d'une émission grand public. Leur mort fut un vrai pactole pur sucre fluorescent pour la presse people surexcitée, suivie par la totalité des médias dans des torrents de larmes, d'innombrables articles commentant les diverses enquêtes de police menées par les autorités argentines et françaises, avec pléthore de pseudo-révélations, vraies accusations et suppositions élucubratoires.

Il semble que la vérité soit d'une navrante simplicité : de tous les participants au jeu, les plus nerveux n'étaient pas les candidats, mais les pilotes, pourtant blanchis sous le rotor, deux ex-militaires chevronnés de l'armée argentine, vieux pros du palonnier, qui connaissaient la région aussi bien que leurs commandes, mais ce n'est pas tous les jours que des galonnés à Ray-Ban transportent l'équipe de télé d'un grand pays d'Europe avec une brochette de ses champions les plus honorés. D'où peut-être une certaine déconcentration, aggravée par la fébrilité ambiante d'un tournage coûteux et, ce qui n'arrangeait rien, un retard de deux heures sur le planning. Mais personne ne pourra jamais rien confirmer vu qu'il n'y eut pas un seul survivant. À quelques centaines de mètres du village, le pilote du second hélicoptère perdit de vue son collègue qui volait au-dessus de lui, n'eut pas conscience qu'il s'en approchait dangereusement, jusqu'à ce que la percussion des hélices rappelle sa présence. Les deux appareils tombèrent de 80 mètres et s'écrasèrent au sol avec leurs occupants : les pilotes, l'équipe de tournage et trois sportifs légendaires, abonnés des palmarès, Florence Arthaud la navigatrice, Camille Muffat la nageuse, Alexis Vastine le boxeur, en tout dix personnes. À la seconde même, les autres champions qui attendaient leur tour de monter dans les hélicos – Philippe Candeloro le patineur, Jeannie Longo la cycliste, Alain Bernard le nageur et Anne-Flore Marxer la skieuse –, passèrent du statut de candidats à celui de rescapés miraculés.

L'émission fut abandonnée, TF1 respecta ce réflexe normal de décence, mais on se dit qu'au vu de l'évolution médiatique récente dans certains pays, d'aucuns auraient sauté sur l'occasion d'une telle publicité inespérée pour booster leur audience, sans voir aucun mal à bénéficier de ce juste retour sur investissement.

Les fumées du Dakar (2019)

En 2019, rendant tous ses voisins verts de jalousie, le Pérou garda pour lui tout seul le rallye-raid Dakar : cette année-là, l'itinéraire prévu ne franchit aucune frontière. Pour les aficionados du vroumvroum, ce rallye, nommé à l'origine Paris-Dakar, représente la quintessence de l'aventure motorisée. Les organisateurs de ce rallye poly-véhicules n'étaient pas les premiers, ni les plus bruyants, à utiliser le monde entier – de préférence pauvre – comme terrain de jeu pour leurs cylindres, mais cette grande éjaculation de gaz d'échappement est devenue la plus célèbre de la planète.

Et ce qui plaît tant au public de culassophiles, ce n'est pas la prouesse mécanique, ils ont ça dans n'importe quel rallye, ce n'est pas la virtuosité des pilotes, toute course automobile en déborde, ce n'est pas la compétition sportive, elle surabonde sous toutes les formes, ce n'est pas la monstruosité formelle des véhicules, n'importe quelle concentr' américaine aligne les mêmes, non, ce qui leur plaît, c'est que tout ça soit lié par l'ingrédient vital pour l'humanité trépidante : l'aventure.

Ce qui leur plaît, ce sont les pneus qui hurlent dans la caillasse brûlante, les geysers de poussière qui giclent des ensablements, les voitures qui surfent sur le toit, les motos qui se prennent pour des ULM, les camions qui plongent dans les ravins, ce qui leur plaît, ce sont les pilotes qui mettent leur peau dans le carburateur pour gagner des poils de cul de seconde, les concurrents blessés, perdus, tués par des sauvages, les hélicoptères de liaisons qui se rétament dans les dunes avec leurs passagers people[1], et les spectateurs enthousiastes qui se font envoyer en l'air par les bolides avec des cris de bonheur, c'est certes embêtant, mais c'est quand même plus classe d'être tué par l'aile avant gauche de la Volkswagen Race Touareg 2 (T2 spec) 2.5 TDI 285 du champion du monde de rallye que par une dysenterie merdique due au manque d'eau potable.

Les quatre-vingts morts directs ou indirects et les centaines de blessés que ce grand défoulement des cylindrées entraîna depuis sa première édition en 1979 ne peuvent être considérés comme les ratés d'une aventure frelatée aux fins médiatico-financières, car ils font partie intégrante du fantasme. Sans casse, le spectacle n'aurait aucun intérêt.

C'est devenu un lieu commun : le Dakar incarne l'aventure du XXIe siècle. Chaque année voit améliorer son record quantitatif de morts stupides, d'accidents lamentables, de forfanterie volontariste, de machisme de garage, et de moments de simple bêtise pathétique (ah, la désormais légendaire séquence de Johnny à son volant disant en substance : « Si on n'avait pas été retardés pendant une heure, on serait arrivés une heure plus tôt »...), pour une kermesse principalement destinée à la publicité des marques automobiles.

---

1. Anticipant de trente ans les malheurs de la téléréalité, le fondateur du rallye, Thierry Sabine, s'est tué en hélicoptère en 1986, avec le chanteur Daniel Balavoine, le pilote, un technicien et une journaliste.

En l'occurrence, si l'aventure est devenue ça, le ratage est patent.

Quand en 2008 le Dakar déménagea, ce ne fut pas sous la critique montante que provoquait l'obscénité d'un tel déferlement de richesse, de gâchis et d'arrogance turbo-capitaliste au milieu de la détresse sahélienne, mais parce que les menaces terroristes rendaient vraiment le show trop aléatoire. Sûr que dans les chaumières des addicts, on a dû grincer de déception, après s'être gaussé de ces dégonflés qui tournent du volant dès le premier coup de fusil. Mais en Amérique du Sud, c'est pas mal non plus, y a moins d'états d'âme et d'importuns bailleurs de morale, y a autant de cailloux et de déserts, autant de supporters enthousiastes le long des routes, sinon plus, et on peut envoyer en l'air autant de lamas qu'on veut. Quand lama fâché contre un 4 × 4, lui fermer sa gueule et aller dans le congélo. Même si l'audience a un peu baissé, l'affaire est encore rentable, les cinq cents pilotes mal-comprenants sur la ligne de départ, chers à Renault depuis trente ans déjà, sont toujours là, encore qu'ils ne fussent plus que quatre cent soixante-quinze en 2019.

Jamais la pression humanitaire, écologiste, politique, ne fera cesser ce genre de manifestation, pour la bonne raison qu'humanistes, écolos ou politiciens ont tous aussi ça au fond de leurs tripes : ce besoin fondamental du frisson où la vie est gagée sur le comptoir. Le seul ennemi implacable qui pourrait menacer la popularité du Dakar, ce serait le changement intempestif d'un paramètre plus puissant que la soif d'aventure : la mode. Que demain, le Dakar soit une seconde supposé être démodé, et c'est la fin des rugissements de moteurs.

Croyez-moi, l'aventure, c'est dans son fauteuil, et pas ailleurs.

TABLE DES MATIÈRES

Composition et mise en pages
Nord Compo à Villeneuve-d'Ascq

Imprimé en Espagne par
Liberdúplex
à Sant Llorenç d'Hortons (Barcelone)
en décembre 2020

POCKET - 92, Avenue de France - 75013 Paris

S29509/01